儒家关怀契合现代人文精神的道德反思与伦理建设

翟金秀　著

山东大学出版社
SHANDONG UNIVERSITY PRESS
·济南·

图书在版编目(CIP)数据

儒家关怀契合现代人文精神的道德反思与伦理建设/翟金秀著.—济南:山东大学出版社,2023.7
ISBN 978-7-5607-7850-1

Ⅰ.①儒… Ⅱ.①翟… Ⅲ.①儒家—伦理学—研究 Ⅳ.①B82-092 ②B222.05

中国国家版本馆 CIP 数据核字(2023)第 089745 号

责任编辑　李艳玲
文案编辑　霍馨莹
封面设计　王秋忆

儒家关怀契合现代人文精神的道德反思与伦理建设
RUJIA GUANHUAI QIHE XIANDAI RENWEN JINGSHEN DE DAODE FANSI YU LUNLI JIANSHE

出版发行　山东大学出版社
社　　址　山东省济南市山大南路 20 号
邮政编码　250100
发行热线　(0531)88363008
经　　销　新华书店
印　　刷　济南乾丰云印刷科技有限公司
规　　格　720 毫米×1000 毫米　1/16
　　　　　11.5 印张　200 千字
版　　次　2023 年 7 月第 1 版
印　　次　2023 年 7 月第 1 次印刷
定　　价　45.00 元

全国教育科学“十三五”规划教育部重点课题(课题批准号:DEA200316)
“传统儒家关怀与现代人文关怀契合下的国民伦理教化与教育研究”

序

翟金秀新著《儒家关怀契合现代人文精神的道德反思与伦理建设》即将付梓,嘱我为之作序,我欣然同意。因为我觉得这个题目很切合当今时代人们面临的困惑和问题,它从伦理道德层面切入古今中外的文化纠结和可能的出路。

无论对于西方还是中国来说,现代化的狂飙突进都带来了一系列的进步和繁荣。这是一个有目共睹的事实。作为现代人,我们都是受益者。但是,这一过程也导致一些值得深刻反思的消极后果,诸如"全球性问题"、人的道德感的弱化、人与人彼此信任度的下降,如此等等。就此而言,现代化可谓一把"双刃剑"。这在某种意义上,可以被理解为"启蒙的辩证法"。在应对现代人的生存危机方面,中国传统文化资源有可能扮演怎样的角色,它还有没有积极的价值,又能够发挥怎样的作用?如果这些问题的答案都是肯定的,那么传统文化的积极意义又通过怎样的机制体现出来?这些问题并不是人们多愁善感的结果,而是现实生活"逼迫"出来的,因而具有真实性和迫切性。

正是基于这一理由,我认为在当代特定的历史语境中,需要重估中国传统文化的价值。我们今天已不再是五四时代所处的那种现代性语境,而是在现代性内在危机充分暴露的后现代语境。在这种参照系"后移"的情形下,我们审视传统文化的视野无疑要比以往深邃和复杂得多。因此,对于传统文化采取简单的肯定或否定,都将陷入肤浅和幼稚。特别是在当下强调大力弘扬中华优秀传统文化,强调把马克思主义基本原理同中国具体实际相结合、同中华优秀传统文化相结合,尤其是在后一个结合的氛围中,这本著作在新的时代背景下,通过中西文化的具体比较,从伦理道德角度对中国传统文化作出某种可能的新阐释，就显得格外重要和有意义了。

早在20世纪20年代，英人罗素造访中国，他在演讲中曾说过：如果说西方文化的特点和长处是它的科学，那么中国文化的特点和长处则是它的健全的人生观。此话大致不错。诚然，在中国文化中不是找不出类似科学的成分，同样，在西方文化中也不是找不到类似人生观的成分；但罗素之言，在对中西文化作一种总体比较的意义上是成立的。更准确的说法，应该是在中西文化中，科学和人生观不是有无的问题，而只是主次的关系。无论中西，只要是人的存在，总是离不开对肉体和心灵的同时肯定。要做到这一点，就不能不依靠科学和人生观来提供肯定的方式。至于究竟把它们叫作什么，其具体称谓如何，倒在其次。但是，这丝毫不妨碍我们在中西文化之间找出某种基本差异和分野，如罗素所论断的那样。不然的话，也就不会在20世纪20年代初的中国发生那场著名的"科玄论战"了，而英人李约瑟也就不会提出他那个著名的"李约瑟难题"了。我们恐怕很难说"科玄论战"是一场误会，"李约瑟难题"虽一度被美国学者席文教授质疑，认为这个问题就像问"月亮"何以没有被叫作"太阳"一样不可思议，意思是关键不在于怎么回答它，而在于它本身就是一个假问题。因为它把一个原本不可通约的问题，当成可通约的问题加以追问了。其实，席文教授只是说对了一半，因为在文化的民族性维度上，东西文化的确是不可通约的，就此而言"李约瑟难题"是没有意义的；但在文化的时代性维度上，东西文化又具有可通约的一面，就此而言"李约瑟难题"完全是正当的，因而必须被郑重地对待并给出某种可能的答案。

从总体上说，中国传统文化的根本旨趣重在向内，是一种反身性的"克己"取向，这同西方文化适成鲜明对照。这是其独特之处，也是其优长之处。中国传统文化在意的主要是人的道德人格的成就、对道德律的觉解，而非外向探求，像西方文化那样致力于对自然律的把握。这也正是"李约瑟难题"得以提出并能够成立的一个重要缘由。一个人要想修身养性，最好是从中国文化传统那里去寻找资源，对于一个现代的中国人来说尤其如此。本书作者有着20余年的思想道德课的教学经验，在长期执教的过程中，作者很注重学术积累，不只对西方有关学说和西方文化加以关注，对本土文化资源也有相当深入的研究和体认。常言道"教学相长"，在教学中一定会遇到学生提出的各式各样的问题，这些问题既是挑战，也是进一步深化学理探究和提升教学效果的重要契机。尤其值得一提的是，本书作者不仅对西方有关学说作过相当深入的研究，有专门的论文和著作问世，而且有去英国、加拿大等国访学的经历，对西方文化有直观的切身感受。我想，这种经历对于更深切地理解和把握西方文化及其背后的真谛，都会有很大的助益。这无疑是一种优势。记得有一则逸闻：钱穆先生喜谈文化问题，其中经常涉及中西比较，就曾有留学西洋回来的教授对此很不屑，认为未曾身临其境，便没有谈论的资格。

本书主要着眼于伦理道德，立足于当代人类社会所处的特定语境，对中国传统文化及其基本精神特别是儒家思想作出重新审视和估价，试图从中发掘出有积极价值的因子，使其在现代性的历史扬弃中扮演积极的角色，发挥其“正能量”，以便最大限度地抑制并抵消现代性的负面效应。本书认为，在这一过程中，中国传统文化本身也会通过现代性的挑战和历练而得到升华，从而拯救出在现代社会依然富有生机和活力的成分，构成建设中华民族现代文明的深邃背景和底色。本书作者不仅通过中西文化的比较，从学理层面作出了剖判，而且在此基础上试图给出了某种可操作方案，从具体机制层面探索未来的可能性。应该说，在这些方面，本书都提出了某些具有启发性的观点和思路，对于我们从文化上回眸过去、理解现在、瞩望未来，都有一定的积极意义。

是为序。

2023 年 6 月 24 日于山东大学

前　言

“仁者爱人”的儒家关怀思想中蕴含伦理建设的智慧。“仁”与“关怀”都是最高的道德理想，更准确地说，都是不同于康德主义、功利主义、契约伦理的最高道德理想。

学史可以看成败、鉴得失、知兴替，学诗可以情飞扬、志高昂、人灵秀，学伦理可以知廉耻、懂荣辱、辨是非。扩充伦理学知识，进行社会场域的道德反思，是处于信息化时代的现代人聚焦变势、拥抱趋势、提升“爱与智”的必由之路。

一个社会如何培养良好的道德风气，这个命题在人类的思想史上经历了漫长的争论过程，一直是社会焦点和学术热议的话题。在多元文化时代，文化的多样性应该被承认，文化之间的平等、差异和相互影响应该被重视，这是一种进步。但进步可能也会带来问题。文化的多元带来了价值观的多元，从某种意义上来说，这使原来的社会道德、价值共识逐步丧失。社会价值观呈现出多元化的态势，既有与计划经济相联系的价值观念，又有与市场经济相适应的价值观念；既有中国传统的价值观念，又有现代西方的价值观念。人们面对多层次、大范围的价值观差异乃至价值观冲突时，表现出一种无所适从、无所归依的迷茫状态，某些领域甚至出现道德失范现象。网络道德的缺失，价值观的迷茫，迷恋于对物的占有、享受和崇拜，进而滑向拜物教，陷入消费主义的泥潭，更有甚者出现唯利是图、以权谋私、贪污受贿等败坏社会风气的行为，这些迹象无不令有社会责任感的学者与普通民众感到忧虑。市场经济的趋利性促使部分行为主体突破法律的底线，频繁出现的食品安全事件、豆腐渣工程等民生安全问题令人触目惊心。此外，网络造谣事件在触动了道德底线后也将难逃法网。例如，2022 年涉疫谣言集中在防控措施、疾病预防与治疗、核酸抗原检测等方面。一些不负责任的网络谣言扰乱了疫情防控大局以及社会秩序和群众的正常生活，必将受到法律严惩。

正如康德所说，那最神圣恒久而又日新月异的，那最使我们感到惊奇与震撼的两件东西，是天上的星空和我们心中的道德律。① 如果从问题视角出发审视社会道德滑坡现象，例如，老人摔倒无人搀扶，或是搀扶老人反被诬陷，我们在忧虑的同时，更需要剖析其产生根源并推崇道德伦理的力量。尽管在法律上，在社会保障制度上，在对下一代的教育培养上，还存在各种各样的问题，但我们依然要相信真善美，相信良好的道德品质能够引领个人和民族走得更远。

人有善恶两面。道德冷漠对应恶的一边，人文关怀对应善的一边，因为后者会最大限度地激发人类灵魂中高贵的一面，为社会生活带来光明。欧洲中世纪之所以被称为黑暗时代，是缘于那时候欧洲人文主义精神还未受到呼唤。

人之所以区别于动物，恰恰在于人是具有礼义廉耻并上升为自我道德约束的万物之灵。社会关系的复杂性更是考验着人类自身的道德操守以及良心正义在内心中的分量。

人与人之间的相互关爱，构成了人文关怀的最简单、最朴实的情感基础。否则，人的社会性带来的不是温暖情义，反而构筑了物欲横流、金钱至上的污浊笼罩下的牢笼。只有保障社会的良性动态发展，人类自身的发展才能不偏离正轨。马克思主义的关于人的自身的全面发展离不开良性社会的发展条件。

人活在世上离不开良知与正义，其对于生命来讲，是眼睛，是灵魂，缺少了它人将形同盲人，失魂落魄。良心是人之所以被称为人的最根本的必需品。保持本真的善，是人性的光辉，也是任何一个有良知的人所追求的。

“人文关怀”这个主题在任何时候都需要被强调，因为这是社会温暖得以产生的条件，也是社会道德建设的基础。

儒家仁爱思想的基本内涵和逻辑理路，以修养为要务，推己及人，层层拓展，为丰富社会主义核心价值观提供了源源不断的养料。西方知名学者约瑟夫·奈讲过：“中国最强的软实力根植于自身文化之中。”②

孔子学院在全世界落地开花，以中华优秀传统文化为根基的中国外交

---

① 参见[德]康德：《实践理性批判》，韩冰法译，商务印书馆 1999 年版，第 177 页。

② 梁长平：《约瑟夫·奈：优秀传统文化是中国软实力重要源泉》，《中国社会科学报》，2022 年 5 月 6 日。

政策受到国际社会的称赞。现代中国人以5000多年的文明史而自豪，儒家的思想和智慧是一笔宝贵的精神财富。被冠以“中国最后一位儒家”头衔的梁漱溟先生曾经预言：“中国文化会实现中国的富强，更会走向全世界。”[①]他的一生都以弘扬儒学为己任。

如果对儒学思想进行排序的话，那么伦理实践应排在第一位，因为它是入世的，人人可为，人人都在为。中国的文化自信就在于，有道德而不形而上地空想空谈，而是从日常生活的文化实践做起，这就是伦理实践。有“伦”在，就有终极关怀在。这种关怀既是世俗的又是终极的，“慎终追远”既指向生命始点的“终”，又指向生命无限绵延的“远”，于是入世而超越。

践行新的文化使命，推动中华优秀传统文化创造性转化、创新性发展，让中华文化永葆生机，不断构筑“中国精神”，为全球治理贡献“中国智慧”。

人心所向，德性首位，“一德立而百善从之”[②]，心性大师王守仁云：“种树者必培其根，种德者必养其心。”[③]人文教育是必不可少的，可以帮助建立人与人之间可贵的信任关系，建立社会生活的正确规则。在基本的信任和正确的规则下，现代社会化的生产才有稳定的协作并能实现高效运转，才能最大限度地减少人与人之间的利益冲突带来的摩擦和社会资源的消耗。

探寻社会主义核心价值观下的伦理建设路径，是新时代的重要任务。本书是全国教育科学“十三五”规划教育部重点课题“传统儒家关怀与现代人文关怀契合下的国民伦理教化与教育研究”(课题批准号：DEA200316)和2020年山东省社会科学规划项目“‘仁者爱人’传统儒家关怀与现代人文关怀契合下的伦理救赎”(课题批准号：20CZXJ04)的阶段性成果。在中国走向世界舞台的中央，体现大国担当的时代背景下，国民综合素质的提升要与现代文明建设的步伐和中国的国际地位相匹配。伦理建设体系的建立、巩固与完善，需要在“善治”引领下全方位展开。

作 者

2022年12月

---

① 《“最后一位儒家”梁漱溟：东方文化会走向世界》，2013年10月18日，culture.people.com.cn/n/2013/1018/c22219-23248692.html。

② (宋)程颢、程颐撰，杨时辑：《河南程氏粹言·论道篇》。

③ (明)王守仁撰，谢廷杰编：《王文成公全书》，明隆庆六年本。

目　录

导 论

“仁者爱人”的儒家关怀思想精髓中蕴含伦理建设的智慧，在与现代人文精神的契合中具备了更丰富的现实意义。深入洞察社会风气，提升道德风尚，推动新时代的伦理建设，与社会主义核心价值观教育、社会主义道德建设的要求相吻合。党的二十大报告指出：提高全社会文明程度。实施公民道德建设工程，弘扬中华传统美德，加强家庭家教家风建设，加强和改进未成年人思想道德建设，推动明大德、守公德、严私德，提高人民道德水准和文明素养……在全社会弘扬劳动精神、奋斗精神、奉献精神、创造精神、勤俭节约精神。习近平总书记强调的“铸就中华文化新辉煌”①充分体现党中央对中华优秀传统文化的高度重视和高度自信。在新时代的新要求下，庞大的伦理建设工程无疑是有着丰富现实意义的选题。习近平总书记号召深入挖掘中华文化的人文精神，并再次肯定了传统文化的价值：“博大精深的中华文明是中华民族独特的精神标识，是当代中国文艺的根基，也是文艺创新的宝藏。中国文化历来推崇‘收百世之阙文，采千载之遗韵’。要挖掘中华优秀传统文化的思想观念、人文精神、道德规范，把艺术创造力和中华文化价值融合起来，把中华美学精神和当代审美追求结合起来，激活中华文化生命力。”②

本书主要针对新时代的伦理建设教化与教育的路径展开探寻。特别是中国特色社会主义建设处于全球化和网络化的时代，探寻中国传统文化的人文精神并赋予其现代价值，是本书的研究重点，这也意味着本书的议题具有了迈向2035年目标征程的特殊价值和意义。

---

① 《习近平谈治国理政》第3卷，外文出版社2020年版，第32页。

② 《习近平谈治国理政》第4卷，外文出版社2022年版，第324页。

一、关于伦理建设的研究

关于伦理建设，国内外主要有以下几类研究。一类是经济伦理建设研究，侧重于社会经济实践中的新问题，重点是对经济与道德关系进行透彻研究，分析相关的制度保障。一类是政治伦理建设研究，重点是围绕执政党伦理建设，通过历史审视破解困境，探索新路径，例如以人民为中心的执政路线，公正透明的机制，铺就重视民生、法治健全之路。

本书围绕“伦理建设的文化之路如何展开”这个关键问题，在传承中华优秀传统文化的同时，吸纳其他国家伦理思想的精华，探索新时代伦理建设之路。

伦理建设研究的一个关键突破口，就是以批判式思维来反思社会道德问题形成的历史与现实原因，从儒家思想精髓中的“仁者爱人”主旨出发，结合现代人文精神，探索道德教化和道德教育的路径。本书密切关注社会现实，并以敏锐的观察力和批判式思维来审视社会道德问题。

二、关于道德问题的研究

从各个时期来看，道德问题研究都备受关注。从横向来看，主要从历史视角、经济视角、人文视角、网络视角来研究道德问题。从纵向来看，20 世纪 80 年代就引发了有关道德危机的讨论和热议，集中在历史视角，主要从中国传统文化的正反两方面来追溯道德危机发生的原因：一方面是从优秀传统文化中寄托道德重塑的信心，不少研究探寻了传统儒家文化中的思想精髓；另一方面是从封建时期的负面影响的角度来剖析道德危机的思想源头。20 世纪 80 年代末 90 年代初，随着改革开放的深入，对道德问题的研究开始围绕经济视角。90 年代，伴随着社会生活的深刻变革，在“人文精神大讨论”和对“终极关怀”的追寻以及各种西方后现代思潮广泛引入的新背景下，很多学者都在试图为当下的物化社会寻求一种精神上的启迪。特别是社会学家更多从人文视角来审视道德现象。例如，舒雨等人的论著《道德盲点》讨论了当代中国社会的官德、商德、公德、医德、师德等方面的盲点问题。有的论著通过中外比较，集中于构建中国人的精神世界蓝图，例如任大川的专著《道德困境与超越——精神、秩序及私欲》围绕中国道德论的核心问题“为己还是为他”，采用纵横比较和跨学科的方式，从经济利益（私欲）、社会秩序、精神支柱三个方面，对中国社会和西方社会道德理论的产生和发展、现状和将来进行了梳理和比较。此阶段各类文章如雨后春笋般层出不穷，纷纷对中国社会的现实道德问题给予了关注与评析。

步入21世纪后，随着网络生活带来翻天覆地的变化，网络舆情中的道德评判不绝于耳，学术界密切关注社会现实，民众的道德心态发生了新变化。老人摔倒无人搀扶引起社会的广泛讨论，由此可窥见当今社会法律、制度、教育等方面的诸多问题。随着新时代对人文主义的迫切需求，学者们更深层次关注了人文关怀主题及其内涵。

新冠疫情暴发后，许多学者从道德伦理、是非判断等视角赞颂医务工作者的无私奉献，也正面肯定了很多普通人平凡而伟大的事迹。与此同时，不少学者也剖析了其中存在的问题。其道德伦理教化和教育效果也是显而易见的。人文关怀、人道主义情怀这些抽象概念在国民头脑中有了清晰的现实解读。2020年2月，中国人民大学曹刚教授发表文章，提到疫情防控过程中出现了值得反思和需要回答的七大伦理问题：政治伦理问题、市场伦理问题、角色伦理问题、慈善伦理问题、公共伦理问题、全球伦理问题、生命伦理问题。针对抗疫背景下的伦理视域，这些问题再次引发了伦理界的深入反思与热议。

党的十九大报告明确了新时代“培养担当民族复兴大任的时代新人”这一育人目标。自此以后，习近平总书记在多个场合都强调这一目标。2018年8月，在全国宣传思想工作会议上，习近平总书记指出：“育新人，就是要坚持立德树人、以文化人，建设社会主义精神文明、培育和践行社会主义核心价值观，提高人民思想觉悟、道德水准、文明素养，培养能够担当民族复兴大任的时代新人。”①2019年10月27日，中共中央、国务院印发《新时代公民道德建设实施纲要》文件。

从国外道德问题研究来看，2012年，美国哈佛大学商学院教授马科斯·H.巴泽曼（Max H. Bazerman）所著《发现你的道德盲点》（*Blind Spots*）一书，充分分析了处于道德困境中的人们可能面对的种种情况，从其自身出发探讨影响道德的可能因素，从时间角度全面讨论人们在决策之前、之中、之后的心理变化，从外界影响因素角度研究对个体行为的影响，包括官方道德机构、奖励处罚机制、非正式文化等，从代表行业来看组织腐败，最后提出了一些新颖的提高道德意识的方法。此书提供了西方社会解决道德危机的途径。此外，英国学者迈克尔·帕尔默（Michael Palmer）所著的《道德问题》（*Moral Problems*）带来了西方社会洞察道德问题的全新视角，也启发了我们对西方人文关怀主旨的思考。

---

① 习近平：《习近平著作选读》第2卷，人民出版社2023年版，第193～194页。

三、关于儒学思想的研究

一是文化视角。例如景海峰主编的《儒家思想与当代中国文化建设》一书，高度肯定了儒学思想的地位和影响力。

二是哲学伦理学视角，分析和总结儒家思想的伦理价值。学者杨泽波所著《儒家生生伦理学引论》分离出欲、仁、智三性，创立三分法，证明孔子思想内部是三分结构，不同于西方文化中的感性、理性之两分。这个新格局赋予本体以时间性，树立生生的意识，实现性善与性恶、心学与理学的真正会通，对“天人合一”的传统思想给予全新诠释，可以为解决西方道德哲学中的一些重大难题贡献儒家独特的智慧。

三是历史视角。比较有代表性的是刘蔚华、赵宗正的《中国儒家学术思想史》，该书全面系统地梳理了儒家的思想史。

四是社会学视角。代表作是刘绪贻的《中国的儒学统治：既得利益抵制社会变革的典型事例》，该书关注社会现实的同时也增添了很多对儒家思想的审视并评价了对社会发展的作用。

五是人文关怀视角。例如，韩玉胜所著《儒家关怀伦理研究》立足于伦理精神旨趣和文本资源，参照关怀伦理发展历史逻辑所呈现出来的理论问题和时代主题进行儒家关怀伦理溯源。

六是现代价值视角。《儒学的现代价值》《儒家思想与现代世界》赋予儒家伦理以现代精神价值。覃江华所著《传统与现代之间》贴合了本书研究的角度。这些现代价值所强调的教育价值论，以认可并倡导传统儒家思想精神价值为核心，是一种以儒家教育思想为核心的人文主义教育，强调道德精神。未来的研究旨在深层次探索儒家思想的人文价值、如何汲取思想精华以契合现代人文精神的解读以及如何将儒家智慧运用到伦理建设体系的构筑中。

无论在理论上还是在现实中，从传统与现代两个视角寻求新时代的伦理建设之路径并加深研究，显然具有很大的必要性和价值。齐鲁大地是孔孟之乡、礼义之邦，其传统文化思想精髓的传承不容遗忘。儒家传统的思想精髓——包容、宽厚、仁慈、仁爱饱含诸多人文关怀的思想主旨。也有很多学者就儒家伦理与当代中国道德话语体系构建方面发表了研究观点。2019 年，在天津召开了以此为主题的青年伦理学家论坛。中国社会科学院赵金刚提出了儒家伦理的当代挑战，从分析李泽厚的“文化心理”与费孝通的“文化自觉”出发，以其方法论意义和实践向度来观察现代中国所面临的诸多问题。湖南大学殷慧通过对仁论发展道路的回顾与反思，兼论西方哲学对爱的探索，引出“儒家伦理的未来到底向何处去”这一疑问。华东师范大学陈赞总结了儒家思想视域中的道德与伦理，认为不同于卢梭强调二者的不可调和，黑格尔强调统一但却重伦理而轻道德，儒家思想才是道德与伦理结合和统一的典范。华东师范大学付长珍主张探寻中国伦理精神的原乡，认为做中国伦理学需要运用新的理念和问题框架对传统伦理话语进行理解和呈现，并在当代伦理学的理论中加以辨析。“仁者爱人”的儒家思想精髓中饱含伦理建设的智慧，在与现代人文精神的契合中具备了更丰富的现实意义。民众整体道德伦理素养的提升更在中国大国地位与大国担当的新时代国际背景下具备特别的、不可或缺的意义。

新时代伦理建设研究具有丰富的现实意义。例如，学者于建东所著《公私和谐的传统路径与现代建构》一书以“公私之辨”在当代社会生活展开的基本视域为切入点，对其在中西伦理思想史上的根源进行了考察与梳理，辨析了公私和谐的传统路径，分析了其优势与不足，探析了其可资利用的伦理文化资源，试图在此基础上探索现代社会公私和谐的路径，主要内容包括中西传统伦理思想史中的公私观、当代中国社会生活的分化与公私矛盾的凸显、公共利益与私人利益之辨、公共权力与私人权利之辨、公共道德与私人道德之辨。

新时期的伦理建设研究密切关注了大数据与人工智能时代的伦理现象，探寻了蕴含于信息化时代的显性与隐性的新伦理规范。例如，2022 年《大数据时代的信息伦理与人工智能伦理》这篇研究报告就探讨了基于马克思主义的人工智能新伦理规范。

四、关于人文关怀主题的研究

(一)国内研究

从国内的研究来看，关于这一主题的研究可分为五大类。

一是德育视角，主要围绕思想政治教育中的人文关怀的德育方法展开探索。王东莉等人所著《德育人文关怀实践论》以马克思主义的人学思想、中国文化中的人文精神、西方文化中的人文思想为理论基础，充分探讨了德育人文关怀的价值取向，建构了一个较为系统的德育人文关怀的实践体系。刘红梅在《什么样的人文关怀》一文中指出，思政教育中的人文主义符合人文主义传统最重要和始终不变的特点，即尊重个人经验、维护个体尊严、尊重个人思想。①

国内学者们从教育的角度，对人文关怀予以了高度的关注。当代中国思想者的研究视域从来没有离开过对中国社会的人文关注。如今，中国社会进入了一个重要的转型时期。新时期呼唤新人文，信息化时代催促着新人文主义的生成。王海霞所著《马克思经济学人文关怀思想研究》将马克思主义理论与人文相结合，加深了对马克思经济学科学性和人文性相统一的认识和理解。丁钢等人的《人文关怀：大学生思想政治工作的生态链》，梁春华、林瑞青的《思想政治教育人文关怀的缺失及其回归》等文章，一方面从思想政治教育本质和目的出发，另一方面从传统思想政治教育时效不佳出发，论述了在思想政治教育中注入人文关怀的必要性。

人文关怀的遗忘和缺失是当前高校思想政治教育理应内省的一个重要问题，其痛点和难点不能不引起关注。对于思想政治教育人文关怀缺失这一问题，不同学者由于所站角度不同，得出的结论也不尽相同。针对如何构建学生的精神家园、疏导心理等方面，学者们提的意见相对不足，对于高校思想政治教育人文关怀的系统构建方法总结归纳得并不多。人文关怀以其鲜明的时代特色和重要的理论实践价值，吸引了众多学者在该领域展开研究，也在很大程度上拓宽了当前道德观教育研究的思路和视野。

寇东亮、张永超、张晓芳合著的《人文关怀论》全面系统地探讨了当代中国人文关怀的理论与实践问题。全书直面冷漠怨恨、情感危机、体面劳动、消费主义、身体生态、心灵鸡汤、精神家园等当代中国人文实践问题，在人学、价值哲学和伦理学多学科融通中，围绕冷、道、人、情、爱、柔六个基本主题，从历史与现实、传统与现代、理念与实践、个体与共同体相统一的角度，阐述了当代中国人文关怀的时代根据、思想渊源、主体定位、本体要素、价值指向和实践形式。陈嘉映主编的《教化——道德观念研究》汇集了当代哲学大师在道德哲学领域的讨论与反思，对当代道德层面的发展与规范极具参考意义。刘济良、王定功主编的《呵护生命——生命教育的人文关怀》将人文关怀与生命教育相结合，赋予了人文关怀更深远的意义。

二是职业伦理视角，特别是研究医学护理学专业领域内的凸显人文关怀的现代精神。比如张仁川、张敏、李志娜所著的《儒家哲学视域下的护理人文关怀研究》，李惠玲主编的《护理人文关怀》。

① 参见刘红梅：《什么样的人文关怀》，《读书》2006 年第 10 期。

三是经济伦理学中的人文关怀，即从经济基础和上层建筑两者的关系中，探寻人文关怀、人道关怀，加深对马克思经济学科学性和人文性相统一的认识和理解。比如叶蓬、李权时主编的《经济伦理学研究：制度创新与经济发展的人文关怀》。

四是社会视角。中国社会正处于一个重要的转型时期。2013 年，吴祚来在其专著《我们要往何处去：价值主义与人文关怀》中就密切关注了转型时期的人文主义。

五是儒家关怀伦理研究，探索儒家思想再构建伦理社会中的思想教化作用。其主要观点是儒家关怀思想的教育价值在于以儒家教育思想为代表的人文主义教育，强调的是一种道德精神。

（二）国外研究

国外人文主义研究主要分三类：一类是宗教情怀，包含宗教色彩的教义或相关内容；一类是文艺复兴主题，主流观点是经过伟大的文艺复兴运动，人文主义思想在西方社会逐渐深入人心；一类是学衡派的西学知识，思想资源来自美国的新人文主义，并在现代中国引发一场人文主义文化思潮，与此同时，由于书院教育所蕴含的人文主义教育思想至今仍散发着理性光辉，因此有着强烈的现实意义。

西方的人文主义研究，也是分经济伦理、人道关怀与社会视角三个维度，事实上还是在人文主义的范畴中进行研究的。此外还包括后人文主义的研究。后人文主义标志着对人类的一种重新评估，即人类是由共生、同化、差异和对其他物种的依赖以及与其他物种的共同构成的。

从历史的发展脉络来看人文主义的研究，古希腊的苏格拉底（Socrates）和柏拉图（Plato）在希腊的城邦市民社会中强调商业生活中的人文主义，亚里士多德（Aristotle）指出了经济伦理。中世纪基督教神学占据统治地位，体现出禁欲主义的人文主义。文艺复兴以后，康德（Immanuel Kant）提出了人文伦理，之后就是人本主义价值观。

中世纪以来，经过一些杰出人物的努力，欧美人文主义教育理论和实践都有了较坚实的基础。20 世纪以后，人文主义教育已成为世界教育思想发展的重要基础。新托马斯主义的代表人物马利坦（Jacques Maritain）认为每个人都是上帝的后裔，所以教育应该培养统一于神性之中的共同人性。存在主义教育则从人的主体出发，把人的自我存在意识、主观性放在第一位，认为教育的目的就在于帮助学生实现自我。结构主义从学生的语言、认识的过程和结构入手，批评了传统教育中的被动呆板的学习过程，创造了利于学生自学、自我认识的发现学习法。

在社会历史的长河中，人文主义作为一种理论体系，强调的是对人的个性的关怀，并注重维护人类的人性尊严，提倡对世俗文化的宽容，并极力反对暴力与歧视，主张自由平等和自我价值，这套思想逐渐丰富并发展成为一种哲学思潮与世界观。人文主义并没有统一定义，许多人虽然自称或被称为“人文主义者”，但是他们的世界观以及他们对人的观念可能并不相同。由于思想学术界对人文主义并没有一个统一的定义，因而各个人文主义观念之间就存在相互矛盾的诸多方面。

古代中国或者古希腊的一些思想被看作早期的人文主义思想。在马克思列宁主义和新教、天主教思想学派中也有声称是人文主义的派别。歌德(Johann Wolfgang von Goethe)和席勒(Friedrich Schiller)的人文主义往往被称为历史主义，而洪堡(Wilhelm von Humboldt)的人文主义则与启蒙运动的人文主义完全不同。文艺复兴时期哲学被看作思想的根本，而在洪堡时期科学则被看作思想的根本。

人文主义肯定了人的主体性，强调人是生活的创造者和主人，主张文学艺术应该重视表现人的思想和感情，科学为人生谋福利；教育的主旨在于发展人的个性，把思想、感情、智慧从神学的束缚中解放出来。因此，人文主义的学者和艺术家提倡人权，反对神权，并提倡人类的个性自由，反对人身依附。

现代的人文主义开始于启蒙运动，这种人文主义直观上脱离了中世纪以来的宗教维度来回答道德问题。在启蒙运动的人文主义中，超自然的解释一般被忽略，这种人文主义也被称为“世俗人文主义”。世俗人文主义又分为很多支流，例如无神主义、怀疑主义、理性主义和启蒙运动以后所产生的种种学说流派。世俗人文主义的基础信念是无神，因此研究人伦、教育、科学等，都是从无神的观点出发。这股思潮在18世纪末盛行于南欧一带，尤以法国为盛，给当代的文学、艺术、戏剧、教育等都带来极大的冲击。世俗人文主义者中，也有自称信有神的自然神论者，不过他们眼中的上帝在创世后便撒手不顾这个世界，所以他们的理论和无神论者如出一辙。世俗人文主义的思想可以说与基督教全面对立。基督徒相信《圣经》是上帝的启示，相信有绝对的道德标准，人的自由须对上帝和他人负责；世俗人文主义者不信上帝，不信《圣经》是上帝的启示，他们鼓吹“自由、快乐、不受约束”。

文艺复兴时期的人文主义者大力倡导尊重个人的基本权利，而启蒙运动中的人文主义则始终抱着“人是可以得到完善的”这一希望。显而易见，他们把人看作世界的最高理想，因而相信自然界中的其他一切不过是用来实现这个理想的工具而已。

当代哲学界法兰克福学派代表人物哈贝马斯（Jürgen Habermas）的交往理论提出，通过社会变革可以建立起“理性合意”基础上的新型的社会关系。维特根斯坦（Ludwig Wittgenstein）探讨了资本输出时代的商业伦理中的人文主义，此外有的学者还探讨了人本主义价值观在印度和中国传统与现代的对照。

从经典马克思主义论著来看，马克思主义学说自创立以来一直贯穿和体现着仁爱关怀和人文精神。马克思和恩格斯从青年时代就受到欧洲人文主义思潮和法国启蒙思想的深刻影响，对人类命运充满真挚的关切。《资本论》处处渗透和体现着马克思对工人阶级和劳动群众的真挚情感，可以洞见其伟大的人文精神。

从某种意义上，人文关怀可以说是马克思哲学的基本维度之一。马克思哲学总是充满人文精神。首先，马克思作为西方人文主义传统的伟大继承者，是以此为基础进行自己的哲学思考的。马克思主义者认为，人类本质是主体自由自觉地活动。马克思主义理论还包含人的解放与人的全面发展理论。人的全面发展是马克思主义者为之奋斗的崇高理想，“以人为本”正是马克思主义理论的本质要求。马克思对人的本质的规定性类似于现象学所说的“本质”（eidos）。他认为，资本统治时代人的异化状况不过是人的存在的已经实现了的可能性，而包含内在必然性的自由的存在恰恰使我们当前的不幸凸显了出来。所以，从本质上来说，人与自然、与他人的和谐相处才是符合人性的，也是符合自然的本性的，因为人就是自然界。马克思所阐述的自然主义与人道主义的统一，实际上就是以人的精神对自由的追求，对整个自然界所做的本体论的证明，人对自由的追求是生命共契的根据。生命共契就是意识到人与他人、与自然的不可分割，意识到人作为类存在应该具有什么样的觉悟和责任。真正的类意识就是知道人从何处来、往何处去；知道人作为自然的产物和自然的呵护者，以及作为人类的一员，应该负有什么样的责任。

马克思曾经说过，人只能用爱来交换爱，用信任来交换信任，人要成为有音乐感的人，自己首先要有音乐的细胞，这一切都是因为人是对象性的存在，人只能在对象上面确证自己的本质力量，单个的人或者与他人处在否定性的情感联系中的人都是不幸的。[①] 人的幸福就是尽可能实现各种可能的生活，在种种可能的生活中获得创造感和给予感。由于人的本质上的社会性，人只能在感性交往中获得这种创造感和给予感，而金钱和权力对人的感性来说是抽象的，是“身外之物”。为了自己的幸福，也必须使他人幸福，使一切人幸福。当别人因为不具备实现其可能生活的条件而成为不幸的人时，“我”也是不幸的，因为他人就是对象性地存在的另一个“我”，是“我”的生命得以确认的对象；而且“我”的幸福的获得也仰仗他人的给予，他人因为自己的不幸而不能给予“我”幸福时，他人的不幸直接就是“我”的不幸。因此，马克思主张每个人的自由发展是一切人自由发展的前提条件。人类不应该破坏自然界的生态平衡，人与自然共生共荣才是唯一选择。

马克思的很多思想尽管在语境上受限于时代，却在思想水平上辐射深广，不仅为德育学科而且为当代社会道德困境的突破提供了深刻的启发。

经历两次世界大战后，西方国家对人类自身的反思越发明显。20 世纪 60 年代后，美国和西欧爆发了一系列反传统运动、民权运动、女权运动，20 世纪末崛起了 LGBT[女同性恋者(Lesbians)、男同性恋者(Gays)、双性恋者(Bisexuals)与跨性别者(Transgender)的合称]权利运动，西方国家趋向世俗化，无宗教信仰者的比例日益增加。人文主义的主张及理念为无宗教信仰者提供了近似宗教的信仰和价值观。

近年来，国外人文关怀领域的研究在不断丰富，形成较大影响。在美国的关怀教育理论家中，对当代世界范围内伦理教育实践影响最大的莫过于诺丁斯(Nel Noddings)教授，她出版了 13 本著作，发表了上百篇论文。她从“关怀”这一道德理念出发，坚决反对教育中存在的唯原则、教条主义和冷冰冰的抽象理性主义。另外，还有存在主义道德教育理论、认知发展道德教育理论、理性为本道德教育理论、逻辑推理价值观教育理论、社会学习道德教育理论、人本主义道德教育理论和完善人格道德教育理论等，这些研究成果为人文关怀的深入研究奠定了基础。美国彼得·伯格(Peter L. Berger)的《与社会学同游——人文主义的视角》(*Invitation to Sociology: A Humanistic Perspective*)是一本充满人文关怀的社会学入门书，出版几十年畅销不衰。

二战结束以后，后人文主义兴起，在克隆、基因工程、器官移植的时代，它既

① 参见杨岚、张维真：《中国当代人文精神的构建》，人民出版社 2003 年版，第 444 页。

是一种物质条件，也是一个发展中的哲学伦理项目。纳亚尔（Pramod K. Nayar）首先开始了对传统人文主义的政治和哲学批评，揭示了它的排他性和“物种主义”政治——将人类定位为一种独特的和占主导地位的生命形式。然后，他将后人文主义的观点置于此背景之下，利用生物医学、工程和技术科学研究得出结论，认为人类意识是由其与其他生命形式的共同进化形成的，人类形态不可避免地受到工具和技术的影响。正如这本书有力地证明的那样，后人文主义标志着对人类的一种根本性的重新评估，即人类是由共生、同化、差异和对其他物种的依赖以及与其他物种的共同构成的。[①]

以上著作从不同角度阐释了人文关怀的现实意义，为本书的展开奠定了基础。但是如何从传统与现代的契合之处来找寻有效的路径，特别是从儒家思想“仁者爱人”的核心价值观中感受人文关怀的温度，同时在现代人文关怀的解读和把握中找寻两者不谋而合之处，以此探寻道德建设的路径，消除现代社会中的道德盲点，摒弃道德冷漠，提升现实社会的道德建设的实效，需要深入研究。儒家仁爱思想的基本内涵和逻辑理路以修养为要务，推己及人，层层拓展，是社会主义核心价值观的思想源泉。

五、本书的主要内容

本书主要包括以下内容。

导论围绕主题介绍了道德与伦理等核心要义的学术积累并进行了系统、综合的述评，为儒家关怀与现代人文关怀的相通领域作铺垫。

第一章对儒家关怀与现代人文关怀的内容进行了梳理与总结，就其内涵、基本特征、思想主旨、功能和时代价值进行了比较与综述，从更广的角度评析了东西方文化视野中的人文关怀。

第二章探究了东西方视野下儒家关怀与现代人文关怀相契合的七大方面。

第三章从社会现实的视角考察并探究了社会道德危机问题，针对各种违背道德原则的社会问题剖析原因，把脉病根，针砭时弊。对道德冷漠的历史原因和现实原因进行探析，凸显当代对人文关怀主题的迫切需求，并重申儒家关怀主题的内涵与时代价值。

第四章总结传统人文关怀与现代人文关怀契合下的时代凝练与升华，从八个方面深化了主题，并赋予其符合新时代要求的现代精神。

---

① Pramod K. Nayar, *Posthumanism*, Cambridge: Polity Press, 2014, p.116.

第五章聚焦现当代社会的道德难题，剖析人性及心理等深层次主观原因及时代制度等客观原因。

第六章探索了人文关怀主题下的伦理建设路径，构建了善治引领下的五位一体的伦理建设体系。

六、本书的研究思路

本书运用伦理学和道德心理学的基本理论来分析道德勇气缺乏、道德受助期望值降低、道德义务感消失、道德关怀匮乏等道德冷漠的种种表征，指出了道德冷漠造成的道德敏感丧失、道德关系疏离、道德自律缺乏和道德调控弱化等消极后果。本书的研究试图以全面系统地阐释社会道德危机问题为入口，寻求传统儒家关怀与现代人文关怀契合下的国民伦理道德教化和教育的路径。

本书在全面系统地阐释社会道德问题的基础上，重点分析了我国道德伦理建设中的问题，剖析历史与现实的主客观原因，并提出解决思路和实践路径。

结合中国近年来的社会现实来看，道德与制度两个层面并非二元对立；相反，没有理想的社会道德，即使在完备的制度下也很难逃脱被扭曲的命运。社会的良性发展需要道德的力量。一个社会如何培养良好的道德，这个命题在人类的思想史上经历了漫长的争论，直至今日也无公认的答案。在多元文化时代，一方面文化的多样性应该被承认，文化之间的平等、差异和相互影响应该被重视，这是一种进步；另一方面现代化过程中会相应产生新的问题，文化的多元带来了价值观的多元，从某种意义上来说，致使原来的社会道德、价值共识逐步被弱化。随着我国对外开放和传统体制的革新，社会价值观呈现出多元化的态势，既有与计划经济相联系的价值观念，又有与市场经济相适应的价值观念；既有中国传统的价值观念，又有现代西方的价值观念。人们在面对多层次、大范围的价值观差异乃至价值观冲突的局面时，往往表现出一种无所适从、慌乱、无所归依的迷茫状态。正如有学者所指出的，处于文明转型时期的中国正在出现道德失范现象，处于传统和现代的夹缝之中的中国民众正经历着文化价值观念的剧烈冲突，比如个体主体意识与整体主义，功利主义、拜金主义同传统“正谊明道”的超功利主义，享乐主义、消费主义与传统节俭美德，技术批判理性与启蒙理性，后现代文化与工业文明精神等等的冲突。多重道德盲点下的社会冷漠迫切需要一种行之有效的伦理救赎。

七、本书的研究方法

(一)理论方法

1.跨学科视景透视(interdisciplinary perspective)。本书采用了伦理学、社会学、哲学、心理学、法学多学科交叉透视的研究方法。

2.道德叙事学(moral narratives)。这一方法是基于特定的道德语境、个案选择。

3.社会现实统计写实调查研究。

(二)具体的研究方法

1.历史研究法。无论是从东西方的角度来全面阐释人文关怀,还是从历史与现实的角度来解读本书主题,都需要历史研究法来寻找其内在的历史规律性,并赋予其时代的内涵。

2.案例研究法。以现实社会中存在的道德危机现象,以及网络舆情作为具体案例进行研究,剖析其背后的深层次原因,有针对性地剖析人性,并进行心理学方面的分析。

3.比较分析方法。比较分析对于本书的研究是十分关键的。比较分析在两个面向上展开:一个是纵向比较,即历史与现实比较,这也是一些国外学者进行人文主义研究的重要方法;另一个是横向比较,即对当前道德冷漠现象的心理对照比较研究。

八、突破与创新

本书主要以伦理学基本理论作为支撑,并综合运用心理学、社会学和教育学等相关学科的知识,采用辩证唯物主义和历史唯物主义的方法,对道德失范现象进行价值分析和是非判断,对道德问题的形成及其扭转途径进行研究和探索。

本书力图在以下方面取得突破和创新。

第一,一种新的研究方法。本书以跨学科的多维视角和基于道德现实的基本立场,将传统伦理学“自上而下”的、从理论出发的严密逻辑推演和论证与“自下而上”的道德社会学研究方法相结合。尤其是对社会冷漠现象的历史与现状的分析是基于社会调查,从而使研究成果具有较高的真实性和可信度。

第二,一个新的研究视角。尽管国内研究成果十分丰富,但是,伦理视角和社会学视角相结合下的研究仍显薄弱。本书试图对社会冷漠现象产生的原因与解决方案作出系统、全面的理论阐释和分析。

第三,一些新的对策思路。研究中国的社会现实问题所影射下的道德伦理困境以及庞大的道德建设工程无疑有着丰富的现实意义。本书希冀并将着力在此问题上提出一些具有实践操作价值的对策思路。

世界很单纯，人生也一样。不是世界复杂，而是你把世界变复杂了。

没有一个人是住在客观的世界里，我们都居住在一个各自赋予其意义的主观的世界。

——阿德勒

第一章 学理分析与界定

2000多年前的儒家思想在当代依然闪耀着价值光辉，像是一道美丽炫目的七色彩虹，挂照于天空的同时，也照耀在人性心灵深处，为人们带来光和热。

当代“伦理”概念蕴含着西方文化的理想、科学、公共意志等属性，而“道德”概念蕴含着更多的东方文化的情性、人文、个人修养等色彩。儒家关怀伦理思想底蕴深厚，根植于民族生活的土壤之中，具有强大的生命力。

儒家关怀思想有情谊浓浓的东方意蕴，其教化教育作用和社会政治功能在现代社会中的价值仍然熠熠生辉。人与人相处中的情谊满满，传递出的是秉持东方仁义礼智信儒家伦理五常的“温良个性”。为人处世时要充满同情心、关爱心、慈悲心，让个人感受到社会的温暖和亲切。

儒家思想“仁”字核心所达到的是无私无我至高的伦理境界。将仁爱和谐视为最高的道德理想，教化伦理，传递良知。“礼”是制度化的“仁”，“和”是“仁”的理想状态。

儒家倡导“义”，推崇责任与担当。“穷则独善其身，达则兼善天下”体现了上古先贤们以身开道的无畏、以天下为己任的豪迈。

儒家提倡的“义”，强调的是个体与社会、个人与他人之间的权利和义务关系。在其观念中，“义”不仅指个人的道德义务，也包括了人际关系中的各种责任和义务。“君子务本，本立而道生”，儒家认为只有在这种人际关系的规范之下，社会才能保持秩序和稳定，人与人之间才能和谐相处。因此，儒家注重教育个体在面对复杂的人际关系时应遵守契约原则，让个体成为社会治理中的积极参与者。社会的和谐，有赖于正确处理理信、义、利的关系。

儒家生活哲学的智慧闪耀在现实世界，形而上的背后，是调和人生百味，呈现出情怀与气魄。

第一节　儒家关怀的概念界定

儒学的核心内容是“仁”，“仁”既指个体的内在道德性，同时又是最高道德规范。“仁者爱人”是儒家思想的核心。2014 年 5 月 4 日，习近平总书记在北大师生座谈会上的讲话中引用了“仁者爱人”等名言，他说：“中华文明绵延数千年，有其独特的价值体系。中华优秀传统文化已经成为中华民族的基因，植根在中国人内心，潜移默化影响着中国人的思想方式和行为方式。今天，我们提倡和弘扬社会主义核心价值观，必须从中汲取丰富营养，否则就不会有生命力和影响力。比如，中华文化强调‘民惟邦本’、‘天人合一’、‘和而不同’，强调‘天行健，君子以自强不息’、‘大道之行也，天下为公’；强调‘天下兴亡，匹夫有责’，主张以德治国、以文化人；强调‘君子喻于义’、‘君子坦荡荡’、‘君子义以为质’；强调‘言必信，行必果’、‘人而无信，不知其可也’；强调‘德不孤，必有邻’、‘仁者爱人’、‘与人为善’、‘己所不欲，勿施于人’、‘出入相友，守望相助’、‘老吾老以及人之老，幼吾幼以及人之幼’、‘扶贫济困’、‘不患寡而患不均’，等等。像这样的思想和理念，不论过去还是现在，都有其鲜明的民族特色，都有其永不褪色的时代价值。”[①]

“仁者”的含义是充满慈爱之心、满怀爱意的人，是具有大智慧、人格魅力、与人为善的人。“仁者爱人”是孟子的思想，出自《孟子・离娄下》第二十八章：“君子所以异于人者，以其存心也。君子以仁存心，以礼存心。仁者爱人，有礼者敬人。爱人者，人恒爱之；敬人者，人恒敬之。”意思是：君子和一般人的分别，就在于其能够保存心中的善端，不让它失去。而保持善端的关键，就是将“仁”和“礼”永存心中。其中，“仁”是对他人的爱，“礼”是对他人的尊重。一般来说，

① 习近平：《青年要自觉践行社会主义核心价值观——在北京大学师生座谈会上的讲话》，人民出版社 2014 年版，第 7 页。

你爱他人，也就能得到他人的爱；你尊重他人，也就能获得他人的尊重。

“仁者爱人”虽出自《孟子》，却直接继承于孔子。根据《论语·颜渊》记载，樊迟曾向孔子请教，到底什么是“仁”。孔子回答就是“爱人”。由此可见，孔子和孟子对“仁”极为重视，对“仁”的理解也高度一致：所谓“仁”，就是“爱人”。“仁”是整个儒家学说的核心，是儒家道德规范体系的根本原则，其他道德规范都贯穿和体现着“仁”的要求。宋代大儒朱熹说，“百行万善总于五常，五常又总于仁”，“仁义礼智四者，仁足以包之”（《朱子语类》）。

简单地说，“仁”就是对他人的爱。如果给“爱”加个修饰语，就是“仁爱”，也就是人与人之间的友好与善意。这意味着实行仁爱人人皆可为，和阶级地位无关。君子“有均无上，亦无下”，所有人在仁者眼中皆平等，没有高下贵贱之分，这体现的是真正的博爱。

“仁”是儒家思想的核心和基础，包括三个方面的基本含义。

一是家族成员间的亲善关系。孔子解释仁的根本含义时说：“君子务本，本立而道生。孝弟也者，其为仁之本与！”（《论语·学而》）“孝”就是指子女要尊敬、顺从父母、长辈；“弟”通“悌”，意思就是弟对兄要恭顺。反过来，父母对子女必须慈爱，兄对弟要友善和爱护。孔子认为这是“仁”的出发点，因为一个连父母兄弟都不爱的人是不可能爱其他人的。

二是“泛爱众”“仁者爱人”“仁者无不爱”，要用对待家庭成员间的友善态度来对待一切人。具体表现就是要设身处地为他人着想，对他人理解、宽容，“己所不欲，勿施于人”，“推己及人”；如果有能力应该帮助别人，“己欲立而立人，己欲达而达人”。

三是要求统治者有爱民之心，实施仁政和德政，为老百姓谋利益，使老百姓能够安居乐业，“乐以天下，忧以天下”，“省刑罚，薄税敛”，让老百姓能够安心生产，深耕易耨；“得其心有道，所欲与之聚之，所恶勿施尔也”，老百姓所要求的，设法满足他们，不想要的，不要强制他们接受。

第二节　人文关怀的时空界定

人文关怀的范畴涵盖了东西方的地域，涉及古代儒家关怀和西方文化起源——古希腊文化。中世纪到文艺复兴以后的西方近现代人文主义思想和内容，关注了现代社会的各种道德伦理生活实践，并对伦理规范缺失下的社会乱象进行了深度剖析。

西方哲学的“精神”核心是理性，其人类学开启于自然科学，所以多从人的动物性演变与进化展开研究和论证；中国哲学的“精神”核心是心性，其哲学的出发点是“人之异于禽兽者”的人性、人心，并由此发展为人文伦理。

西方人文精神是如何解读人文关怀的呢？从西方思想的视域来看，发端于西方人文主义传统的人文关怀，其核心在于肯定人性和人的价值。

人文精神是一种普遍的人类自我关怀，表现为对人的尊严、命运的维护、追求和关切，对先辈遗留下来的各种优秀精神文化的珍视，对一种全面发展的理想人格的肯定和塑造。人文精神涵盖精神文明和物质文明建设的内容。它构成一个民族、一个地区文化个性的核心内容，是衡量一个民族、一个地区的文明程度的重要尺度。一个国家的国民素养的水准，在很大程度上取决于国民教育中人文教育的地位和水平。[①] 人文作为一种独特的精神现象，是人类智慧与精神的载体，它在人类的世代繁衍传承中一直占据着优先的地位。可以说，一部浩瀚而无穷尽的人文史，就是一部人类不断地“认识你自己”的心灵历程的形象化的历史。正如英国著名美学家科林伍德(Robin George Collingwood)所说，没有艺术的历史，只有人的历史。

在英文中，“人文精神”是 humanism，通常也译作人文主义、人本主义、人道主义。狭义的解释是指西方文艺复兴时期的一种思潮，其核心思想有三点：一是关心人，以人为本，重视人的价值，反对神学对人性的压抑；二是张扬人的理性，反对神学对理性的贬低；三是主张灵肉和谐，立足于尘世生活的超越性精神追求，反对神学的灵肉对立，用天国生活否定尘世生活。广义的解释则指欧洲文化始于古希腊的一种文化传统。一般可把人文精神的基本内涵确定为三个层次：一是人性，对人的幸福和尊严的追求，这是广义的人道主义精神；二是理性，对真理的追求，这是广义的科学精神；三是超越性，对生活意义的追求。简单地说，就是关心人，尤其是关心人的精神生活；尊重人的价值，尤其是尊重人作为精神存在的价值。这是社会文明进步的标志，是人类自觉意识提高的反映。

人文主义是在对人性的探究与思索中逐渐形成的，其本质是对人的灵魂的塑造和对理性精神的培养，倡导在善之普遍性原则指导下生活。

---

① 参见陈旭光:《艺术的意蕴》，中国人民大学出版社 2001 年版，第 56 页。

第三节　儒家关怀与现代人文关怀

汉语里有“善良”一词，没有“善优”，蕴含“物极必反”的哲学思辨。英语亦有高见，“Perfection is achieved only on the point of collapse”（完美只有在崩溃时才能实现）。《易经》有“城复于隍”“无妄之灾”“初登于天，后入于地”“无平不陂，无往不复”之说，此之谓也。

一、内核：厚德载物，宽厚仁爱

文化的指向是终极关怀。宗教、道德、伦理，这些都是文化实践的内容，其指向也都是终极关怀。宗教的终极关怀存在于“彼岸”，通过信仰和崇拜达到；道德的终极关怀存在于形上本体，通过智慧和知识达到；伦理的终极关怀存在于“此岸”，须臾可得。

东西方的伦理训诲有相通之处，可以说是殊途而同归。“仁”这一儒家关怀的核心观念强调“己所不欲，勿施于人”，与基督教所宣扬的“己所欲，施于人”的内核是相通的。

西方思想自从苏格拉底扭转古希腊前期哲学思考的重心，从对自然的追问转向对人、对社会的思考时，对规范和德性的思考就从未停止。古希腊思想对社会的规范性本体的认识，集中体现在“正义”这一概念之下对社会秩序的认识，如柏拉图的《理想国》（*The Republic*）所达到的认知程度。中国伦理的世俗化倾向，则使规范本体论思想十分突出。对于社会的规范性认识，是中国伦理思想的一个基本点，这种对社会世界的规范性的强调，直观体现在中国古代思想对“礼”的高度重视上。“礼”的内容十分丰富，既有社会等级秩序、社会制度，又有社会规范的意蕴。

二、内容的同源性

（一）东西方人伦关系行为模式的判断价值一致

孔子“有一言而可以终身行之者”的著名格言“其恕乎，己所不欲，勿施于人”，这显然是所谓“消极的表达方式”，它的“积极的表达方式”则是“己欲立而立人，己欲达而达人”。西方拉丁语世界中历来也流传着“quod tibi fieri non vis, alter ne facias"（己所不欲，勿施于人）的俗语。哲学上讨论的欲望问题，主要是关于我们应如何对待欲望，即欲望是否应当得到满足，抑或应当满足到何种程度。对此，孔子、孟子、荀子都有相关论述，但荀子"以礼治欲"的思想更系统、完善，其操作性也更强。

儒家思想围绕人性自身与社会的关系，试图通过礼乐制度、社会规范、德性培养三个方面来框定节制的重要性和迫切性，展示了以礼治国的可行性，使得节制切实有效。孔子通过心能"知"能"虑"，探寻形成节制的可能性，即通过塑造道德教育的心能实现心灵的转向，遵循"道"的方向。

性恶之人如何形成节制德性？荀子认为，这是以礼化性的过程。但是，荀子一方面认为性"不能为"，另一方面却又认为礼能够"化"之，"性也者，吾所不能为也，然而可化也"（《荀子·儒效》）。这岂不又是一个悖论？

学者陈大齐先生从动态的视角，将"化"解释为好恶趋向的改变，也就是说，性有所好、有所恶，虽然是天生的，但并非一成不变。何所好与何所恶，都是人力所能变更的。他的解释虽能化解"不能为"与"可化"之间的矛盾，但"化"是指改变情欲趋向，还是指改变心之趋向，则没有细化厘清。而我们要想真正弄清这个问题，就需要了解并洞察心的功能。

荀子认为，心同耳目口、骨体肤理一样都是性的存在。心同耳目之官一样，是人天生用来辨别事物的身体器官，这些统称为"天官"。心具备辨别喜怒哀乐好恶欲的功能。同其他器官一样，心还有自己天然欲求的目标——利。由此看出，心还是认识与行动的主体，具备能"知"、能"虑"、能"使"等独特功能。其一，心能征知。这是人生而具有的能力，君子小人一样。"材性知能，君子小人一也。"（《荀子·荣辱》）因此，心可以认识"道"，原因在于人心能够虚壹而静，道具有可知可能之理。"人何以知道？曰：心。心何以知？曰：虚壹而静。"（《荀子·解蔽》）"然则仁义法正有可知可能之理，然而涂之人也，皆有可以知仁义法正之质，皆有可以能仁义法正之具。"（《荀子·性恶》）其二，心能思虑。心能够把各方面因素加以权衡、比较，从而作出选择。"情然而心为之择，谓之虑。"（《荀子·正名》）其三，心能发动行为。"心虑而能为之动，谓之伪。"（《荀子·正名》）因为心是自动、自行、自禁、自止的，无须借助他者。"心者形之君也，而神明之主也，出令而无所受令，自禁也，自使也，自夺也，自取也，自行也，自止也。"（《荀子·解蔽》）总之，心既是认知主体，又是意志主体、独立自觉的精神主体，因此心为天官之首，称为"天君"。

与此同时，心在每个个体的道德修养过程中起着中枢作用，因为心在认识“道”以后能够认可“道”，并遵循“道”，从而停止或制止原有自然的心理趋向。“心知道，然后可道，可道，然后能守道以禁非道。”（《荀子·解蔽》）而在没有认识“道”之前，心所认可、偏好的是欲望所指的目标与对象，即心与欲。

古希腊文化讲求四大美德——公平、勇敢、正义和节制。其中，节制是指有边界感地节制欲望。而欲望是人生的重要课题，也是一个重大哲学问题，在我国传统文化里，道家、墨家、儒家都将欲望作为自身处理的核心问题。他们认为，人性完善以及人类生活的和谐与繁荣，离不开对主观欲望的管理与控制。但是近些年来，关于人的内心欲望问题，在我国学界还没有得到充分细化的研究。

改革开放给中国经济带来了活力，社会的物质财富有了很大增长。部分人摆脱了物质短缺与穷困的同时，欲望急速膨胀，追求物欲享受与感官快乐最大化似乎成为他们生活的全部要义。其中影响最为恶劣的是某些官员及富商，他们放纵欲望，迷恋钱财甚至贪赃枉法，带来消极的社会影响并造成许多严重的社会问题。腐蚀灵魂的直接原因是涉案群体主观上没有边界的欲望。因此，为了建构良好的社会秩序，塑造健全之人格，需学习先哲们的智慧，形成适合现代社会的欲望观。

（二）东西方人文主义对生命价值的追求具有相似性

西方的文艺复兴运动倡导将人从中世纪的束缚中解脱出来，复兴人性精神。在中国古代文学史的长河中，反抗不合理的封建礼教束缚的呼声不绝于耳，鄙弃世俗、傲视权贵、自由放达、率真任性、敢爱敢恨的生命追求震撼千古。明代思想家李贽强调，好文章乃出自“绝假纯真”之“童心”，应顺性而为；另一位明代学者洪应明在《菜根谭》中说得更为明确：“人心有部真文章，都被残编断简封固了……学者须扫除外物，直觅本来，才有个真受用。”这些文论主张体现的是中国古代文学中更富有现代人性精神的生命渴望。[①] 此外，在东西方的很多文学作品中角色的塑造都表达了作家心性的自由放达以及对率真赤诚的人性追求，如著名的莎士比亚戏剧中的罗密欧与朱丽叶，中国古代四大名著之一《红楼梦》中厌读四书五经、藐视功名利禄的贾宝玉和林黛玉，蒲松龄笔下直言快语、敢爱敢闹、“狂而不损其媚”的婴宁。东西方文化中对人本主义的追求具有相通性，也是挥洒畅快淋漓的人性表达。

① 参见马新、杨朝明等：《中国传统文化读本》，山东大学出版社2014年版，第152页。

(三)东西方宽恕的理念有相似之处

从道德宽容的理念来看,东西方也有着惊人的巧合。西方道德宽容理念的产生有其独特而深远的文化和宗教根源。古希腊的商业贸易发达,统治阶级对居民没有过多的干涉和控制,广大居民有尽情发挥天赋才能的机会,因此独立、自由和宽容的意识比较强。十字军东征和异端裁判所,体现了西方近代以前社会的不宽容和文化霸权主义。不宽容和文化霸权主义屡次受到人文主义思潮的冲击。文艺复兴时期的人文主义思潮和宗教改革运动催生了资产阶级革命时期的启蒙运动。人们追求自由、平等和幸福,驳斥了基督教的排他性和不宽容。人文主义者以人性论为基础,提出人应当是全面发展的人,有自己的信仰,有自我命运的决定权和选择权。马丁·路德(Martin Luther)提出,教会人士与平民应处于平等地位,教会阶级并非高于世俗阶级,这种看法直接体现了信仰自由和宗教宽容。英国著名哲学家、自由主义思想家洛克(John Locke)明确提出宗教宽容理论,从人文主义和哲学认识论的角度论证了宗教宽容的合理性。18世纪法国启蒙思想家伏尔泰(Voltaire)发动了声势浩大的争取宽容运动,主张信仰自由,并从人的理性权利、认识有限性的角度为宽容原则提供了理论依据,定义了现代宽容的基本精神——平等、自由和尊重。

从东方视域来看,中国源于自身特殊的经济、政治、文化属性,形成的是独特的宽容理念——宽恕。[①] 春秋战国时期百家争鸣,是中国历史上环境较为宽松、各思想流派并存的时期,从而也造就了许多伟大的思想家。孔子的伦理思想具有双重属性和矛盾特点,既继承了以周礼为核心的旧的传统,又创造了一个"仁""礼"结合的"仁学"伦理思想。"仁者爱人"体现了孔子推己及人的思想。"忠恕"是爱人的根本原则,即所谓为仁之方。"爱人"离不开"忠恕"。在这里,孔子首次提出了宽恕原则。"宽恕"作为中国传统道德中的重要规范就此产生。宽恕思想由孔子提出,经孟子、荀子、韩愈、朱熹等人发展和扩充,包含四个方面的内容:推己及人,将心比心;严于律己,宽以待人;胸怀博大,平心容人;宽恕有限,反对纵容。

第一个方面是指"仁者爱人","己所不欲,勿施于人","夫仁者,己欲立而立人,己欲达而达人"。这意味着人与人之间平等,要时时处处为别人着想,但同时又不能丧失自我,要做到不卑不亢,和而不同。第二个方面是孔子所主张的

① 参见李建华:《道德的社会心理维度》,湖南教育出版社2011年版,第150页。

君子型人格的自省自律，指每个人必须从自身做起，犯了错误、出现问题后，应先检讨自己的不足和错误进而反思反省，而不是一味地去指责和怨恨他人。第三个方面是指宽容待人，不要斤斤计较，更不要苛求他人。荀子主张："君子贤而能容罢，知而能容愚，博而能容浅，粹而能容杂。"(《荀子·非相》)意思是君子有贤能而又能够宽容懦弱无能的人，明知而又能宽容愚昧无知的人，胸怀博大而又能宽容浅薄的人，纯粹而又能宽容驳杂的人。朱熹主张以一颗平常心对待人世间的一切，切勿大喜大悲。不管遇到什么事，都要镇定自若，处之泰然。第四个方面是指宽恕并非无原则地宽容退让，否则就会变成纵容，"过犹不及"就是这个意思。《论语·宪问》中，有人问："以德报怨，何如？"孔子曰："何以报德？以直报怨，以德报德。"有人主张用善德来对待仇怨，孔子不赞成，而是主张从原则出发，要公而无私，该怎样对待就怎样对待，不以别人对自己有仇怨为标准，用善德来对待善德。孔子主张"君子成人之美，不成人之恶"，意指要是非分明，讲求原则，不能混淆是非，脱离原则。宽恕要有一定的度，否则就变成了放纵。

三、对象的一致性

关于民本思想，儒家从社会属性的角度翔实地描述过：孔孟以政治理想为最高境界，孔孟"外王"的政治理想含有重视民生疾苦、民本主义的思想。如子贡问政，子曰："足食，足兵，民信之矣。"(《论语·颜渊》)孟子曰："焉有仁人在位，罔民而可为也！是故，明君制民之产，必使仰足以事父母，俯足以畜妻子；乐岁终身饱，凶年免于死亡。然后驱而之善，故民之从之也轻。""养生丧死无憾，王道之始也。"(《孟子·梁惠王上》)孟子进一步发展了孔子的"仁学"思想，提出"民为贵，社稷次之，君为轻"与"闻诛一夫纣矣，未闻弑君也"等带有"民主性"萌芽的思想，这在当时的时代难能可贵。

《孝经·圣治章》称："天地之性人为贵。"自古以来，中国的文化中特别关注人的精神发展。"人文"一词最早见于《周易》："文明以止，人文也。观乎天文，以察时变，观乎人文，以化成天下。"从中国古代历史来看，恰恰是因为关注人的存在，所以聚焦人的伦理精神的存在。古代就有亲民、重民、爱民的思想。统治者们无法忽视百姓对于国家社稷的重要性。《尚书》中就有关于民本思想的论述，如殷代统治者指出要"重我民"，"罔不惟民之承"(《尚书·盘庚中》)。"民之所欲，天必从之。天视自我民视，天听自我民听"(《尚书·泰誓》)。《诗经》中的《七月》《硕鼠》《伐檀》等篇也涉及民生思想。周朝统治者提出"保民""用保乂民""惟民其康"等思想。春秋战国时期的《论语》《左传》《墨子》等史书典籍中都蕴含民本思想。儒家思想特别是孟子以教化为己任,将民本思潮推向以道德为本位的境界,因而在中国古代伦理思想史上占据卓越的地位。孟子认为:"得其民斯,得天下矣。"(《孟子·离娄上》)他还提出了为历史上多位君主所看重的"民为贵,社稷次之,君为轻"的思想。近代以来,中国的一些进步人士也发展了传统的民本思想,并结合西方的进步理念,不断完善这一思想。在中国传统文化中,考察任何问题无一例外都是以人为核心,从人的角度来权衡,这是以人为本的人文精神的本质特征。作为个体的人进行自我管理就是管住言行和心。在实行教化之时,不仅注重道德传递,而且强调实践,主张德性与德行合而为一。

特别是儒家思想在教化和教育中的主旨,在当代社会也有着现实价值。儒家思想强调把人作为教化思想的出发点和落脚点,重视人的现实需要,关注人的全面发展,并将教化思想融入社会生活的大背景当中。这在一定程度上避免了强制的"硬灌",能够在相对愉悦、轻松的环境中进行教化,使受教者在不知不觉中接受学习,极易产生乐学、好学,在无形中学习,并将其内化于心,外化于行,以具体行动展示出来。这个潜移默化的过程是自然发生的,是在中国人独特的"只可意会不可言传"的意境中传承与升华的。

西方民主思想最早起源于古希腊,主要原因在于古希腊时期对人性的假设是人性本善,恶是在追求善的过程中行为失去德性而产生的。由这个假设可以直接引导出一个结论——人都是朝着好的方向发展的,这也是政府放权于民的理论基础。但是即使如此,亚里士多德也是不推荐民主思想的,因为他认为民众大多数无知,而无知是产生恶的根源之一。之所以现在的西方推崇民主,是因为历史上民众有过推翻王权的革命,之后他们不再愿意放弃权利。值得注意的是,在西方政治发展的过程中,是存在反对民主的思想的,最主要的原因就是思想家害怕民众的"暴走"演变成"暴民政治",这也就是人性假设如此重要的原因。

而中国的传统思想对于人性的假设是很保守的。子曰:"性与天道,不可得而闻也。"(《论语·公冶长》)认为人性和天道一样,不是可以推测的。所以中国的传统思想是用道德来教化所有人,让所有人达成一致的道德观念,由此来保证社会的和谐稳定。帝王之所以成为帝王,是因为坐拥民众的支持,若失去民众的支持,就不再是帝王,这个也就是"水能载舟,亦能覆舟"。由此,儒家为统治者创造了一种管理工具——道德教化来保证社会的安定和谐,同时也给统治者套上了缰绳——以民为本，告知他们合法性权力的来源。

基督教在西方社会中的影响作用是巨大的。耶稣基督不仅强调人与上帝之间的爱，同时也强调爱他人，强调人在世俗社会之中的善良美德，如虚心、温柔、怜恤、清心等，而使徒保罗对于耶稣基督所宣扬之爱还做了更为细致的解说："爱是恒久忍耐，又有恩慈；爱是不嫉妒，爱是不自夸，不张狂，不做害羞的事，不求自己的益处，不轻易发怒，不计算人的恶，不喜欢不义，只喜欢真理，凡事包容，凡事相信，凡事盼望，凡事忍耐。爱是永不止息。"(《哥林多前书》13:4-7)这段话成为基督教关于爱的经典解释而广为称道。与此同时，耶稣基督还对人性之恶例如愤怒、仇恨、奸淫、报复、妄论等提出了批评，要求信徒学会爱和宽容。

基督教精神强调人世间的博爱精神，甚至基督教的教义可归纳为"博爱"。例如，保罗在《哥林多前书》中说："如今长存的有信，有望，有爱；这三样，其中最大的是爱。"保罗在《提摩太前书》中还把爱概括为命令的总归，并声称这爱是从清洁的心、无污的良心、无伪的信心中生出来的，并在《歌罗西书》中认为爱心是联络全德的。博爱，即广泛地爱一切人与生命，是人文精神的基本规定与内涵。

围绕"现代人文关怀"这个主题，基督教的关怀包括饥者食之，渴者饮之，裸者衣之，照顾病人，收留行旅，看被囚者，葬已死者，教导愚蒙，解人疑惑，忍耐磨难，赦人侮辱，安慰忧苦，劝人悔改，为生者、死者祈求。精神和形体上的各种需要，都要尽力相帮。其中最大的爱是宽恕仇人。

四、功能效用的契合性

从西方的宗教视域来看，人文关怀与精神家园密切关联，"美德就是知识，知识就是美德"；从东方视域来看，儒家关怀的仁爱情怀同样推崇对道义的追寻，这是对精神世界的高尚追求，决定了儒家思想步步攀升的层次和境界。在封建社会，其智慧的光芒总是照耀着高尚的灵魂，甚至能够冲破封建社会制度的藩篱，在复杂的社会关系中抽丝剥茧，实现超越，即使是"君子固穷"，终极关怀的精神家园对个体追求高尚人格仍具有强大的吸引力，赋予了个人无穷的精神力量。

第四节　伦理建设与道德建设

伦理与道德概念的区别在于，伦理指外在的处理人际关系、人与社会关系的道理和准则,道德则包含外在的客观规则和内心的法则及主观体验。伦理不等于道德,道德指向一般人或人类责任,伦理则指向与我们关系密切的责任;道德关乎个体内心的主观感受与体验,伦理关乎社会关系中的责任或家庭关系中的忠诚义务。

现代汉语中,"伦理"与"道德"两词在法则的性质和担当的主体两方面有具体区分:伦理为相对于个体道德的外在的、社会的规范和价值,是人际关系中普遍存在的法则;道德是主体对于自身的"立法",是主体作为独立个体的内心法则。相应地,伦理建设展开的路径,应详细区分为伦理教化和道德教育两方面内容。伦理教化着重解决伦理失范和价值混乱的问题,其目的是以伦理调节人们的行为时"有法可依"。道德教育着重培养民众的道德意识、树立道德自觉并在生活中付诸实践,其目的在于解决道德主体性,把伦理内化于人心、落实于生活。新时代伦理建设主要有两个任务:一是正视由于社会价值观的变迁而失效的伦理,代之以与新时代生活相适应并能积极引导社会生活的新型伦理,伦理学家担负着为伦理生活"立法"的任务;二是解决社会变迁中人们所遇到的新的伦理问题,尤其是5G时代网络生活所引发的新问题,伦理学家充当着社会大众和公共部门"参谋者"的角色。伦理建设的过程即重建精神家园,推崇价值理想,并消除现代生活中日益增多的不确定性导致的心理失调和失衡问题,因而伦理学家实际上还扮演着整个社会的"心理医生"的角色。当前道德建设的重点应是通过培养道德意识和道德勇气来建立和发挥人的道德主体性。伦理教化和道德建设是相辅相成的。伦理深入人心化为道德,转化为生活的实践,道德主体必须发挥自觉,同时强化伦理规范,才不至于"泛道德化"。[①] 本书伦理建设的涵盖面比较广泛,将伦理规范与道德趋善的主客观因素概括其中,跨越时空,寻找关怀伦理,针对社会现实探析社会良性发展的智慧与方略。

第五节　善治引领下的"五位一体"伦理建设

善治引领下的"五位一体"伦理建设包含五方面的内容:一是制度化伦理建设,即"吏德善治",是中国式现代化道路的引领,也是建设的"总指挥部";二是伦理建设的"两翼",包括伦理教化与道德教育;三是经济社会的伦理建设,主要

---

① 参见彭永捷、牛京辉:《论伦理建设与道德建设》,《现代哲学》1999年第1期。

指向企业伦理建设；四是网络空间的伦理建设；五是法治空间的伦理建设。

善治意味着增量民主、增量政治改革。① 增量民主的概念包括强调民主的程序，将公民社会的存在视为民主政治的前提，推崇法治。一方面，中国的改革开放取得了巨大成就，中国人民的生活实现了翻天覆地的变化；另一方面，改革开放后中国的政治最重要的发展在于走上了一条增量民主的道路。中国政治改革的目标明确，旗帜鲜明，例如提高行政效率、转变政府职能、向服务型政府迈进、遏制腐败、维护社会稳定等。这种改革和民主建设，必须在原有的基础上有一种突破，不仅仅具有法学意义上的合法性，对于社会进步和公共利益而言还具有正当性，并为公民所自觉认同。与此同时，政府的公信力大幅度提升，在信息化社会、自媒体时代，大众信息化程度高，社会事务参与度与监督力都在显著增强。增量民主的实质是在不损害人民群众原有政治利益的前提下，逐渐扩大新增的利益，使人民实实在在地感受到改革带来的好处。在这个过程中，对受众群体的伦理关怀，是获得政治合法性以及增量民主的认同价值感的前提和引擎。

在建设中国特色社会主义新时代的背景下，“善治”与“增量民主”有了更多的发展机遇。政治建设的稳步前进，凸显了我国社会主义民主的优势和特质。2021 年 7 月 1 日，习近平总书记在庆祝中国共产党成立 100 周年大会上发表重要讲话，指出：“践行以人民为中心的发展思想，发展全过程人民民主。”这一重要论断旗帜鲜明地确立了“人民的事人民定，人民的事人民议”的主调。显然，“善治”中的增量民主已然具备了更坚实有力的基础。在这个过程中，制度与法律的配套提升了信息化社会中政府的公信力，民众在伦理教化与道德教育中的文化积累和德行修养不断提升，政治参与的机会与能力都在与日俱增。只有在以人民为中心的培育土壤中，民主的种子才能生根发芽，枝繁叶茂，开出更多的正义之花。

伦理建设除了“总指挥部”之外，还需要伦理教化与道德教育“两翼”辅助。二者的区别与联系在于伦理教化更原始，针对面更广，而道德教育更为专业，有特定的对象，前者是民众在潜移默化中自然接纳，后者是民众在目标引导下达到明理与认同。

---

① 参见俞可平：《增量民主与善治——转变中的中国政治》，社会科学文献出版社 2003 年版，第 157 页。

一个民族有一群仰望星空的人，他们才有希望。

——黑格尔

第二章　儒家关怀与现代人文关怀的契合

“道德”这一核心概念中的“道”，在古汉语中一般泛指普遍性的原则与规律，按照段玉裁《说文解字注》的解释，“得”即“德”，有“得到”的意思，道德指“外得于人，内得于己”。[①] “外得于人”指主体能通过自己的行为使他人有所得，进而得到其肯定评价或认可，或者是在得到他人的否定评价以后，通过反省领悟而得到启示。《易·系辞下》“以通神明之德”中的“德”，是指一种能达到某种目的的自然或精神力量。在我国首先把“道”“德”两字作为一个词使用的是战国时荀子的《劝学》：“故学至乎礼而止矣，夫是之谓道德之极。”荀子认为社会中的人们必须学“礼”，这是关键的一步，并按“礼”的要求去处理人与人的关系，从而在群体关系中实现有礼可循。[②] 西方文化中，“道德”（morality）起源于拉丁语 mores，意为风俗和习惯。后来，哲学家西塞罗（Marcus Tullius Cicero）根据自己的道德生活体验，强调公民社会的道德责任需要智慧公正地加以履行，因而赋予了这个名词主观性极强的行为认知含义，使得 virtue（德行）也有了客观和主观两重含义：客观就是指习俗风尚，而主观意思最早出现在希罗多德（Herodotus）描述古希腊的主观生活体验特别是对美德的感知，这个词本身就源于古希腊语词根，意指男人之所以为男人就在于劳动中表现出来的精神力量。

由此可以看到，无论东方文化还是西方文化，“道德”一词的含义有着惊人的相似性，那就是客观规则和主观感知的统一，是人类社会生活中必不可少的

① 参见李建华：《道德的社会心理维度》，湖南教育出版社 2011 年版，第 262 页。

② 参见赵雅博：《德行与毛病》，《伦理学研究》1985 年第 3 期。

客观规则以及富有哲学智慧和生活智慧的主观体验的高度统一。在这个基础上，自然而然地生成一种对社会发展进程起校正、平衡、弥补等作用的可贵的人文精神力量。

马克思在经典著作中多次提到“异化”(alienation)这个词，他深刻洞察现实世界中的异象，并一针见血地指出，人所创造的整个世界变成了异己的、与人对立的东西。马克思批判了前人非科学形态的异化理论，并揭示了资本主义社会最典型的异化本质。在马克思之前，人们所揭示的种种异化，基本上还停留在异化的外部现象层面。马克思则揭示出决定异化外部现象的本质异化，即异化劳动或劳动异化。马克思对资本主义制度进行剖析和批判，特别是对异化劳动的内容作了深刻的披露，一方面表达对人类社会的担忧，另一方面表达对伦理智慧的热切向往，强烈呼唤一种超越性和理想性的人文精神力量。多数人说的“普世伦理”指的是资本主义的“自由、平等和博爱”。马克思和恩格斯最初都是这种“普世伦理”的支持者，后来他们发现，这种“普世伦理”在资本主义社会中由于异化劳动的存在而无法实现，只有义无反顾地走向科学共产主义才有出路。可贵的人文精神力量有助于保证经济的增长和科技的进步，符合人类发展的根本要求并造福人类，从而避免它们异化为人类的对立物进而支配或奴役人类自身。

奠定儒学思想基础的中国伟大哲学家孔子、孟子生活于春秋战国年代，其时周室衰微，礼崩乐坏，战乱频仍，民不聊生。针对此现状，孔子提出一套以“仁”为核心的儒家学说，这种讲究“爱人”、强调“忠恕”的“仁学”，无疑具有人本主义的色彩，因而具有进步与人道的一面。西方伦理精神分为早期的宗教关怀伦理、近代文艺复兴运动的人文启蒙以及现代的西方关怀伦理。儒家是东方文化的代表，“儒家关怀”一词内在的温度与温情蕴含无限的人文精神，而东西方文化中相契合的关怀精神，是东西方都认同的最高道德理想，具有共同的哲学基础和精神旨趣。

第一节　民本思想

中国传统文化中的“以人为本”落实在政治上是“以民为本”，即民本思想。中国古代的民本思想肇始于西周时期的“敬德保民”思想。周朝伊始，统治者为了笼络民心，提出“敬德保民”思想，实质是其畏于民众力量的强大，下移亲民之权而产生民本主义思想的萌芽。由尊神到尊人，也是人本主义思想的最早萌芽，蕴含着否定神权的主旨。而在漫长的封建时期，统治者大都充分意识到了民众对封建统治阶级统治地位和政治根基的支撑性。

中国历史上民本思想源远流长，从春秋战国时期一直到封建社会末期的进步思想家、政治家，几乎都主张和宣传“民本”思想，从而使之成为中华文化中延续时间最久影响最广的一种哲学和政治思想。

孔子强调的“仁者爱人”，即关心和爱护他人。这个“人”包括官员和百姓、富人和穷人、健全人和残疾人等所有人。子夏具体化为“四海之内皆兄弟也”。孔子的仁爱观是中国古代的人道理论。孔子的仁爱，不仅“爱人”，而且“爱物”，推广到天地万物。用孟子的话来说，就是“亲亲而仁民，仁民而爱物”。

孔子的仁爱主要是一种道德义务，强调的是人内在的道德自觉性，重在培养人的德行，它以身体力行为基本。实践仁爱的途径、做法是“忠恕”，即“己欲立而立人，己欲达而达人”，“己所不欲，勿施于人”。

人文关怀是儒学精神的重要体现。孟子的“仁者爱人”“恻隐之心，仁也”，反映出“仁”的核心意义即自爱、爱人、互爱。儒家思想主张人与人之间应互爱互助，而晋商尤其注重行义举、做善事。他们在积累了一定财富之后，往往会以购义田、建学校、办赈灾等形式行义举、做善事，也会在灾荒时平价售粮或捐建粮库，还对当地官学、私学慷慨捐赠物资。从晋商乐善好施的种种行为中，可以深切体会到他们经营理念中“仁”的存在。

春秋是个战乱频仍，赋税苛重、民不聊生的乱世。孔子顺应历史潮流，提出了一系列亲民、爱民的执政宗旨，用作爱护人民、保护生产力、催生新社会的手段，取得积极的效果。他也因此受到了人民的爱戴，成为这一时期以人为本思潮的杰出代表。

儒学思想蕴含务实、经世致用的内容。例如，历代儒者入仕后，大多继承孟子的仁政说和民本思想，关注民生，兴修水利，灌溉农田，躬行践履之实。

宋代理学也沿袭这一宗旨，重视民生，主张“经世”要务，重躬行践履，留心经济之学，重视功利与实效。事关国计民生的实事厉行实施，避免空谈而误国。明清之际的费密提倡经世致用之学，主张“通人事而致用”，开颜李学派之先河。与费密同时代的著名思想家唐甄反对所谓“儒家不记功”的说法，强调事功修为、崇实黜虚，把道德原则建立在实事实功基础上，强调“仁义礼智俱为实功”，将儒家的“经世致用、反对空谈”推向高潮。

孔子在历史上第一次系统地把“爱人”思想作为执政美德提出。“樊迟问仁。子曰：爱人。”具体地说，孔子所言爱的是什么人？曾有学者用阶级分析法说，这个“人”是指奴隶主，这显然与历史事实不符。《论语》中有记载，孔子家的马棚失了火，孔子退朝，先问：“伤人乎？”不问马。马棚里的养马人显然是普通劳动者，孔子在这里爱的人，当然不是奴隶主。

齐国管仲剥夺了大奴隶主伯氏骈邑三百户的封地，均分给无地农民。孔子对管仲的评价是“人也”（《论语·宪问》），即是个人才，加以称颂。可见，孔子这里所爱的人，更是普通人民。孔子提出的“博施济众”，即普遍地帮助穷苦大众的主张，反映出了爱民思想。本着爱人精神，孔子提出“道千乘之国，敬事而信，节用而爱人，使民以时”（《论语·学而》），提出使役人民，应做到不误农时。这显然适应了时代的要求。①

在孔子心里，爱护百姓，就是仁人。于是，在总结前人社会实践的基础上，孔子又把这一思想升华，认为为了爱人的事业，是可以牺牲生命的。孔子说：“志士仁人，无求生以害仁，有杀身以成仁！”（《论语·卫灵公》）孔子已把爱人精神摆在生命之上的地位。在中国历史上，“杀身成仁”成为为了正义事业不惜牺牲生命的具有永恒价值的豪言壮语。中国历史上涌现出许多为了爱国爱民事业而勇敢战斗、英勇献身的仁人志士和英雄豪杰。

西方民本思想的起步也是从反对神权开始，带有更为浓重的人本主义色彩。儒家的民本带有实用性、功利性目的，西方的人本主义并未突出工具性，而是将人作为目的。从古希腊的普罗泰戈拉提出“人是万物的尺度”，到德国古典哲学家康德“任何情况下不要将人作为工具，而是要将人视为目的”的忠言劝诫，从中可以解读到“人权高于神权”的人本主义的内涵，并赋予现代人文精神。东西方的契合点在于起点是反对神权，发展的趋势都是与日俱增的人文意蕴。

第二节　平等思想

从根本上说，平等属于伦理学的范畴。传统儒家伦理的一大特点是将等级、权威、特权等维护社会固有秩序的原则，与“仁”“诚”“信”等规范相结合；将

① 参见乔长路：《中国人本思潮与人生哲学研究》，人民出版社 2008 年版，第 37 页。

建立在权威主义和精英主义基础上的等级制度，与强调伦理关系的相互性甚至互补性结合起来，并且投射上一缕“和谐”的理想之光。

近代以来，一个奇特的现象是，“仁”“诚”“信”等儒家规范反过来成为颠覆等级制度和权威主义的“武器”。耶稣会传教士利玛窦(Matteo Ricci)作过《交友论》，从基督教神伦视野解读兄弟关系和朋友关系，将“朋友”关系解释为“平等”的关系，在那个时代一度影响了一批士大夫。在提升朋友关系的平等原则上，有些社群主义者从 parity 的意义上肯定了古代中国的平等观念，同样诉之于朋友的关系。①

杜维明先生在《先贤的民主》一书中认为，中国传统思想中平等的观念可以发挥为民主社群主义的理想。作为现代新儒家的代表，梁漱溟先生也是从这个向度来解释儒家伦理的，认为孔子所谓“絜矩之道”，指的是父慈子孝、兄友弟恭，是相互践行的规范，而不是单方面的压迫。它体现的是虽有等差却“互以对方为重”的伦理。他讲道：“按中国人的道理，大家在团体中的地位应当一律平等；可是有两个天然不可少的等差：一种是看重理性、尊尚贤智而来的等差；一种是从尊敬亲长而来的等差……中国人之尚平等与西洋也不同；西洋人之要求平等是从个人出发，都是说我应当和你平等，你不能不给我某种地位、某种权利等等，中国人则调过来，平等从大家说，不从自己主张。在中国人自己没有我与你平等的意思。”②

此外，谢和耐指出：“基督教的伦理则是平均主义和抽象的，认为所有的人在上帝面前都平等。中国的伦理则仅仅关心既是等级的又是互为补充的关系，而宇宙本身则似乎为此提供了例证：阴和阳、天和地、男和女、君和臣……之间的关系也相似。”③

《论语·宪问》中记载：“以德报怨，何如?”子曰：“何以报德？以直报怨，以德报德。”耶稣基督不加分别，一律平等地以爱对待“德”与“怨”；而孔子则将二者区别开来，引人“直”对待“怨”，而将“德”只留给了“德”。耶儒之间，孰是孰非？从“报”的施动者来看，耶稣基督的以德报怨、以德报德更加具有神性的高尚；孔子的以直报怨、以德报德则更具有人性的自然。需要注意的是，孔子所讲

① 参见景海峰主编：《儒家思想与当代中国文化建设》，人民出版社 2013 年版，第 128 页。

② 中国文化书院学术委员会编：《梁漱溟全集》第 2 卷，山东人民出版社 1986 年版，第 296 页。

③ [法]谢和耐：《中国与基督教——中西文化的首次撞击》，耿昇译，上海古籍出版社 2003 年版，第 143 页。

的并不是以怨报怨，不是耶稣基督所批评的以眼还眼、以牙还牙，而是以直报怨。“直”不是仇恨和报复，而是一个温良恭俭让的谦谦君子的自然反应，这种反应本身没有攻击性、伤害性。①

近代辜鸿铭在《中国人的精神》一书中，讲到温良是中国人的特性，是值得肯定的、正向的，是具有同情心、同理心，真诚地体谅他人。中国人注重心灵的生活，这种平和的心态和体恤他人的仁爱，是不太容易被西方文化深刻领悟和精准解读的。

基督教也教给人一种泛爱一切的平等精神：“神叫日头照好人，也照歹人；降雨给义人，也给不义的人。”(《马太福音》5:45)这种爱的平等主义也是和儒家不同的地方。儒家从现实人性出发，承认爱有差等，但并不止于此，而是主张推己及人，用忠恕之道将狭小范围的爱推而广之。而耶稣基督在宣扬这些爱的美德的时候，其理由都依赖于上帝，认为神性是所有基督教美德与善的源泉。中国古代伦理道德的基础是家庭，西方伦理道德的基础则是个人，二者的契合点在于价值判断，其进步性表现在民本思想贯穿于历史长河中的民意不可违的主脉，但与此同时，局限性在于双方都是以历史唯心论作为思想基础，都将平等置于空中楼阁之中，反映了私有制的要求，而远离了经济和社会根源不平等的客观事实。

第三节　生命观

东西方人文认知对生命的看法有契合之处，表现为敬畏生命，勇于求索。例如，子在川上曰：“逝者如斯夫！不舍昼夜。”(《论语・子罕》)孔子认为生命至上，时间可贵。曾子曰：“士不可以不弘毅，任重而道远。仁以为己任，不亦重乎？死而后已，不亦远乎？”(《论语・泰伯》)此外，孔子也推崇勇敢，“知者不惑，仁者不忧，勇者不惧”(《论语・子罕》)，这无不透露出求索无畏的勇气。

儒家生命意识和死亡哲学的第一个方面是“尊重生命”。孔子说“未知生，焉知死”(《论语・先进》)，并且主张“危邦不入，乱邦不居；天下有道则见，无道则隐”(《论语・泰伯》)。子路是他的徒弟，非常勇敢。孔子经常告诫子路要尊

---

①　参见赵士林主编：《仁爱与圣爱——儒家道德哲学与基督教道德哲学之比较研究》，人民出版社2018年版，第31页。

重生命，不要无所畏惧地牺牲自己。“未知生，焉知死”，其本义是中国文化和哲学更加注重“生”，注重用大智慧去实现生命价值从而绽放生命光彩。因此，在儒家看来，宇宙和生命的本质是不断的成长和日新月异的变化。儒家思想提倡的是一种积极参与现实生活的态度，特别是通过慎独修德回应天地和父母的生身之德。

儒家关怀伦理的人文关怀精神还体现在善待人的生命。在儒家看来，人是天地之间最富灵性的生物，“天地之间人为贵”，“人为万物灵杰”。儒家认为生命轨迹、生命觉悟、生命境界展示出人的灵性是超越一切的。儒家所说的善待生命不是停留于物质供养层面，生命的价值是从超越物质层面开始的，主要是精神价值和道德价值，因此，儒家的生命关怀主要是道德精神层面的关怀。儒家认识到人处天地间之灵杰地位，始终坚信“人能弘道，非道弘人”，通过自身道德努力克除己欲，尽己之性，可使生命境界不断提升，这是因为人的生命潜能是无限的，人应该通过自己的活动将生命投射出去，扩展开来，不断获得生命的升华。[①] 儒家对生命的精神关怀超越生物性存在，突破功利性存在，追求道德境界乃至天地境界。这种境界源于对道德生命的敬畏之心，与康德所言不谋而合，即敬畏“头顶上的星空与心中的道德律令”的神圣。康德的原话是：“有两样东西，我们愈经常愈持久地加以思索，它们就愈使心灵充满日新月异、有加无已的景仰和敬畏：在我之上的星空和居我心中的道德法则。”[②]

《论语·卫灵公》提到“志士仁人，无求生以害仁，有杀身以成仁”，后来孟子也曾讲过“舍生取义”，这些思想都折射出儒家仁学思想下的生命态度，即强调人生的美好不仅体现在当下的美好，更体现在结局的美好。只有实现结局的美好，才能实现生命的不朽。而实现生命价值不朽的途径就是道德主体对仁的实践，即把践仁、行仁作为人生的终极目标。

人不可能不死，但精神可以不朽，在找寻正义到达不朽和追求不死之间的抉择已然成为人生的必答题目。孔子的“杀身成仁”与孟子的“舍生取义”以及司马迁的“人固有一死，或重于泰山，或轻于鸿毛”这些千古名句，都传递出一种声音：人的生命是有限的，而生命的价值是无限的。人无法增加生命的长度，但却能追求生命应有的高度。其丰富的人文内涵，使得儒家思想充沛着高贵的道德情操。

---

① 参见韩玉胜：《儒家关怀伦理研究》，齐鲁书社 2018 年版，第 145 页。

② [德]康德：《实践理性批判》，韩水法译，商务印书馆 1999 年版，第 177 页。

孔子的"仁"是一种境界，是一种寻得生命意义的状态。子曰："不知命，无以为君子也。不知礼，无以立也。不知言，无以知人也。"(《论语·尧曰》)孔子"罕言命"并不等于孔子不探求"性"与"命"——"不知命，无以为君子"，只是这种"命"具有不可言说的特点。这也适用于对"子不语怪、力、乱、神"，"未知生，焉知死"的理解。从中能看出孔子对"终极真理"的敬畏之心非常突出。孔子的"仁学"有很强烈的"终极关怀"的因素，这也是后来儒家被看成儒教的原因所在。

孔子虔诚的心态来源于对生命的敬畏和对"生命终极意义"的探寻。"子曰：君子食无求饱，居无求安，敏于事而慎于言，就有道而正焉，可谓好学也已。"(《论语·学而》)"子曰：君子不器。"(《论语·为政》)"子曰：德之不修，学之不讲，闻义不能徙，不善不能改，是吾忧也。"(《论语·述而》)对生活意义的探求最终以"仁学"的形式体现出来，具有超越个体生命的意义，同时也使个体具有了不可思议的意志力、忍耐力和自身应对外界世界的力量。

敬畏生命的思想主旨也体现在，"君子有三畏：畏天命，畏大人，畏圣人之言。小人不知天命而不畏也，狎大人，侮圣人之言"(《论语·季氏》)，"子罕言利，与命与仁"(《论语·子罕》)。同时，孔子执着于对"生"和"生命意义"的探求也十分明显。孔子强调人的"立"，也就是人格的培养，在日常生活、点滴生活中培养人的品格。

生命是一个既老又新的话题，理解生命、珍爱生命、关爱生命是人类永恒的主题。基督教无论是在理论上还是在实践中一直都十分重视生命的概念。基督教的观点建立在神的创造、上帝的爱、神和人的契约的基础上，因此所有生命的存在都是有价值的、有意义的，生活的本真应该是第一次揭示了上帝创造生命的目的并见证上帝的形象。人类应该尊重和关爱生命，提高生命的质量。以鼓励人类积极面对生命，丰富生命的内涵，揭示更丰富的生命特征和意义。文艺复兴之后的人文色彩更加浓重，以人为本、生命至上是西方社会的通行准则。

第四节　知识观

东西方共同的人文认知都推崇智慧。哲学是智慧之学，智慧是观察事物、处理问题的一种能力，原本就无处不在，蕴含于人类丰富的实践活动中。哲学家、思想家们将这种人生智慧抽取出来，进行专门研究，使之升华、结晶，成为促进人类健康发展、提高人类素质的“高级营养品”。哲学家、思想家的主要工作之一就是提供人生的理想，并指出达成理想的方法，推崇精神境界的品格高尚。

看人不能光看外表，而是要看内在——实质上的人。一个人从本质上而言，是有两个人的，合在一起，按照中国古代的写法，就是“仁”字。这个“仁”字有两层意思：一个是自我，另一个是比自我更高的仁。实现自我、发挥潜力，将“两个人”的能力都发挥出来，合而为一，这是人与生俱来的使命。而实现人的使命感，必须具备一定的精神境界。所以孔子讲“己欲立而立人，己欲达而达人”。高尚的追求是每个人与生俱来的，是人本质上的要求。“我欲仁，斯仁至矣。”(《论语·述而》)这是中国传统文化中“天人合一”的实质，也是西方文明中“天赋人权”“权利神圣不可侵犯”的原因之所在。

孔子从不同的视角探讨了“有智之人”为“知者不惑”(《论语·子罕》)，他还主张“知者乐水”，“知者动”(《论语·雍也》)，“知者不失人”(《论语·卫灵公》)，“知者利仁”(《论语·里仁》)，特别是实事求是地认定“知之为知之，不知为不知”(《论语·为政》)。这些观点与古希腊苏格拉底的“自知己之无知”的认知态度有相似之处。

孔子的大智慧还表现在追求智慧的通达上。孔子能看到并承认人的本性的存在。子曰：“人能弘道，非道弘人。”(《论语·卫灵公》)即人能够弘扬道，不是用道来拯救人。人只要坚持不懈地去做，能弘道，就能带来利益，因为利益是人之所欲，是人的本性。要用正当的方法去取得，这可能花费时间久一点，但是一旦得到了就能持久，这就叫“仁能守之”。但如果是靠阴谋诡计等不正当的手段得来的，可能在短时间内会带来财富，但这种所得是不可持久的，对自己的损害可能非常大，这就叫“仁不能守，终必失之”。“道”是离不开人的，没有离开了人的“道”。“道”存在于人的积极的生活中，存在于人的勇猛精进之中。离开了人，“道”就毫无意义了。如果希望“道”或“外力”来拯救自己，那就错了。人只有依靠自己的力量追求积极的生活，才能实现人的价值。

孟子曰：“舜明于庶物，察于人伦，由仁义行，非行仁义也。”(《孟子·离娄下》)“明庶物”，即格物致知也。又曰：“尽其心者，知其性也；知其性，则知天矣。”(《孟子·尽心上》)是即“尽性”之谓也。格物、尽性，正行恕之功。孔门所谓“一贯仁恕”，最重实际成效。“舜其大智也与”之言，以突出“明于庶物”之智慧对于履道之关键意义。

从西方哲学理性的起源来看，苏格拉底的名言“自知己之无知”，即审视自我，探索未知，体现了与孔子不谋而合的求索勇气。苏格拉底提出了对理性的信仰，从“逻各斯”深入背后的“努斯”精神。他没有像阿那克萨戈拉(Anaxagoras)那样，在宇宙万物之外设立一个“努斯”作为外在推动力，而是另辟蹊径，在整个宇宙变化过程中寻找动因。苏格拉底所讲的“努斯”是一种内在的力量，是自然万物的最终目的。他凭借“努斯”能动的自我超越性，从感性上升到理性的“逻各斯”，把“逻各斯”变成了人自身的一种尺度。他的理性主义就体现在追求真理的过程中。

与此同时，苏格拉底又从伦理学的层面思考理性，认为人都拥有一个理性的灵魂，只有认识了人先天存在的普遍道德观念才能拥有真知，真与善意味着知识与道德融为一体。他相信有普遍知识的存在，力图在伦理问题中寻求普遍真理，确信通过不停探寻能够接近甚至掌握事物的一般的、普遍的原则。苏格拉底提出“认识你自己”的灵魂审视，力求从思维的角度把握人，通过认识自己来研究客观存在，将真理归结到主体的思维意识，以自身为目的，不断地追求自己、实现自己，使人的意识逐渐摆脱主观性，最终获得最本根的普遍性、客观性。苏格拉底以此为开端，将哲学关注点引向了理性。此前，哲学研究还没有涉及道德及人本身，而苏格拉底则更大程度上关心人类自身，是第一个把哲学从天上召唤到地上来的人，他关注人的灵魂生活，致力于探究人生和道德问题。

柏拉图顺沿苏格拉底的思路，在西方哲学范畴内构建起理念论的框架，并确立理性的重要作用。柏拉图赞同赫拉克利特(Heraclitus)的观点，认为一切可感觉到的东西都是不断流变的，同时他又继承和发展了从巴门尼德(Parmenides)到苏格拉底的哲学思想，特别是将苏格拉底伦理学领域的思想延伸到了整个宇宙万物。柏拉图讲“吾爱吾师但更爱真理”，大胆质疑苏格拉底的某些观点。

儒学和古希腊哲学都把最高的智慧看作关于宇宙、人生真理的整体性与终极性认识。可见东西方均认为世界上所有的哲学都是“智”的传统，儒学传统“转识成智”，把一般知识转化为道德知识，再上升为精神境界，使人在理性光芒的照耀下，智慧贯通体验到永恒。西方宗教认为智慧始于人的敬畏之心。而儒家思想强调“下学而上达”，从有志于学开始，到“知天命”，从而达到“从心所欲”之化境。孟子坚持“尽心、知性、知天”的途径，实现个人到整体再到终极的提升。

中西方哲学史对人的本质的规定约略有某种相通性。西方传统将人看作有理性的动物,中国传统则认为人之为人,在于人具有道德心。二者虽然规约不同,但殊途同归,均是对人的精神性的肯定。人的精神维度表明人不属于自然界的因果序列,精神的本质就在于它没有根据,没有原因,而且能够从无到有。人不像其他存在者一样属于自然界的因果序列,人在本质上超出了这一序列,对人的任何规定因果没有超出这种眼光,就是对人的一种形而上学理解。[①]人在本质上是超越的存在,其活动是对象性活动,是自己自觉的动态。人把自己的活动当作对象来追求,那么人的精神与自己的关系就是一种可能的自由变换,所以人可以按照任何尺度进行生产。劳动这种创造性的活动蕴含了人的智慧,因为劳动创造了社会,从而把意识提升为人的意识。总而言之,西方哲学对人的理性的强调和中国哲学对人的道德的强调,都是通过必要的生产实践才真正塑造人的精神维度。

第五节　欲望观

镜鉴东西方共同的人文认知,表现在审视人性方面,特别是在管制人性的欲望方面,都认为节制是人在社会关系中遵守道德伦理的必要一环。

在孔子的心目中,"仁""义"是人生的最高价值,他号召人们"克己复礼",克制自己的欲望,以合于周礼。但他的"安贫乐道",尚不能看作不求"富贵",唯求"道"。孔子主张"先义后利"。"富与贵,是人之所欲也,不以其道得之,不处也。贫与贱,是人之所恶也,不以其道得之,不去也。"(《论语·里仁》)"富而可求也,虽执鞭之士,吾亦为之。如不可求,从吾所好。"(《论语·述而》)此外,荀子主张人性恶说,并推崇节制欲望。儒家思想中强调的"善"字应理解为修身克己、舍己为人的思想,注重个人精神和身体修养。强调通过心灵反省、克制自己的欲望,保持一颗平常心。修身,就是修语言、姿态、内心等,使人言语谦恭、心态平和、行为合乎规范,从而做到言行一致,身心合一。

修身克己的关键是身心共修,提升境界。修心意要诚、心要正。所谓意诚,就是要真心实意,做到不虚假、不虚伪;所谓心正,就是要去掉狭隘的私心杂念,做到舍己为人,问心无愧。修身约束力要强,能克制自己的思想、情感和言行

① 参见杨岚、张维真:《中国当代人文精神的构建》,人民出版社2003年版,第440页。

等,不使自己有过界言语和行为,增强自我的约束能力。孔子曰:“克己复礼为仁。一日克己复礼,天下归仁焉。为仁由己,而由人乎哉!”(《论语·颜渊》)意思是说,人需要克制自己,谨言慎行,使言语行动合乎礼仪,这就是仁。

而修身与克己两者是相互贯通的、统一的、相互关联的。通过修身实现克己的目的,通过克己有助于修身。儒家的教化在于督促民众不断地去修身克己,从而遵守国家礼法和社会道德规范,实现精神提升和自我超越,进而实现自己的人生价值和塑造可贵并令人尊重的君子型人格。儒家还讲求“慎独”。《大学》“故君子必慎其独也”中的“慎独”指的是一个人在独处的时候要特别小心,可以想到有多少双眼睛在盯着你;在你做坏事的时候,有多少双手在指着你。

儒家思想颇为人性化的一点是“情理结合”,强调的是“沟通道欲”,主张以理智之心来把握人的本性和情感情欲。走向近现代的儒学思想强调,礼义离不开“人情”,既要重人情,合理满足人的基本欲望和客观物质生活需要,又要加强自律,强化道德修养,重责任、有担当,以理义控制人欲。程颢、程颐提出:“利者,众之所同欲也,专欲利己,其害大矣;贪之甚,则昏蔽而忘理义;求之极,则争夺而致怨。”(《二程集》)人文关怀色彩浓重的儒家思想,主张把情与理、道与欲结合起来,其核心是重视人情。

在价值取向上,将道德理想和价值目标的实现与物质利益和人情欲望的满足结合起来,在赋予了其人文关怀的同时,也激发了人民群众的首创精神,使其敢于超越和批判的同时,又能修正单纯放纵的欲望,抵制精致利己主义,并时刻提醒道义的实质是顾及社会规范和他人利益。

古希腊四大美德之一就是节制。古希腊人将自我控制作为第四种美德,也就是他们所谓的“节欲”。自我控制就是克制自我情绪的能力,控制自己的脾气,节制自身的欲望和激情,追求平静的、合法的、适度的精神层面的宁静和快乐。西方有一句古老的谚语:“要么是我们控制自己的欲望,要么是欲望控制我们。”一旦欲望不受约束,人的劣根性就会彰显,进而突破道德甚至法律底线。越是缺乏自制力的人越需要这道警戒线。

第六节　社会观

东西方共同的人文认知里,都没有离开对社会关系的聚焦。从东西方关怀伦理的通性来看，二者都是主张非契约的社会形式。这里所说的道德的主张以及道德生活的体验，与康德主义、功利主义以及契约伦理的道德学说大相径庭。西方的契约伦理认为，推崇理性的人是能思考并智慧通达、趋利避害的人。但个人利益和个人权利双方面要得到满足，必须订立契约以确保分配合理。在这样的社会中，正义必然成为主导社会正常秩序的法则。例如在西方法律文化中，正义女神朱斯提提亚(Justitia)是法律的象征，她一手拿着宝剑，象征着法律的裁决和力量；一手拿着天平，代表着衡量与公平。欧洲城市中的人物塑像以正义女神形象居多，象征着人们追求公平与正义的价值旨趣，也传递着一种精神主旨的审美意蕴。

儒家关怀伦理主张社会运行并不是依靠某个契约，而是依靠统治者实行"仁政"，统治者因"修身齐家治国平天下"的个人道德完善从而获得君子型人格魅力，民众对其从心底仰慕和认同。因此，儒家主张的社会运行法则是道德感化和道德教化而非契约。

西方早期的宗教关怀伦理强调"四海之内皆兄弟"，宗教的互助会内容不断丰富，通过教会的慈善义举等活动，宣扬一种宗教领域内的博爱，而这种关怀被框定在宗教外壳下，桎梏的锁定走向了道德关怀的反面，导致了欧洲中世纪的黑暗。近代的文艺复兴强调的"人本主义"大放异彩，更像一缕阳光照亮了中世纪欧洲社会的混沌黑暗，将民众的关注点从以"神"为核心转向以"人"为中心。关怀伦理继而被提上日程，走向人类历史的舞台。不可否认，资本主义在发展的过程中，由于资本内在所固有的"异化"作用，一度存在弊端与出现危机。即便如此，民众内心对关怀的向往、内在的人文精神却从未远离。西方的社会工作发展迅速，慈善业的范畴和影响力也在扩大。在不断发展的人类文明思想中，人文精神的内容不断得到丰富，辐射面也以前所未有的规模拓展开来。现代意义上的西方关怀伦理产生于20世纪七八十年代的美国，是伴随着新一轮女权运动政治实践和现代哲学理论成果影响出现的一股新兴伦理思潮，特点是注重情感体验、道德情境以及相互关系。这种思维定式与儒家的关怀伦理的思维定式相契合之处也愈来愈多。

两种关怀伦理都认为，关怀是最高的道德理想，也是道德行为的根本保障。在错综复杂的现实生活中，往往容易遇到道德困境。在诸多的道德标准中，出现道德价值竞合的时候该何去何从？如何破解道德困境？人们需要对道德情形作出道德抉择，那就是尽一切所能正义地去关怀他人，强化社会责任感以及奉献精神。

儒家强调的“仁者爱人”的“仁”字，内在的含义就是“关怀”，因为“仁”与“关怀”是相通的。“仁”这个字在《论语》中出现了一百多次，在英语中对应“仁”字的词语高达几十个，例如 love、benevolence、kernel、humanity、kindness、sensitive、altruism、charity、compassion、magnanimity、humaneness、goodness、affection、amor、amiable 等，这些词语不一而足，举不胜举，其丰富程度令人联想到真实的情感是超越语言的。

在《论语》中，孔子提到：“人而不仁，如礼何？人而不仁，如乐何？”(《论语·八佾》)而西方基督教中从最早的“友爱”(fraternity，brotherhood，friendship)，到升华后的“博爱”(philanthropy，charity)，两者内在的思想主旨实现了奇妙的交汇。

第七节 正义观

东西方的人文认知都认同追寻正义是高贵的品性。西方文化以“民主、自由、博爱”为核心理念，常见的诗歌文学倡导的是一种理性智慧。

“正义”这一概念涉及社会秩序。早在柏拉图的《理想国》中，就有对“正义”的深度解读。传统的西方哲学思想形而上学一度占支配地位，中国伦理的世俗化倾向，则使得规范本体论思想十分突出。对社会世界的规范性认识，可以说是中国伦理思想的一个基本点。“礼”这一概念内涵十分丰富，既有社会等级秩序、社会制度，又有社会规范的意蕴。对比中西方的文学作品，可以解读其内在的精神主旨。中国古代文学中不经意间抒发的匡时救世、疾恶如仇、狂放不羁、率性而为的精神难能可贵，但面对天下纷争、人间邪恶或不平世事，少有一种设法制衡邪恶与强权的理性智慧，更多表现出一种粗蛮之勇与以杀伐攻灭为快的意绪。①

在西方文学史上，早在古希腊悲剧家埃斯库罗斯(Aeschylus)的《奥瑞斯忒亚》(*Oresteia*)中，就可以看到这样一种以现代文明方式平息人间恩怨的策略：当杀人凶手奥瑞斯忒亚遭到复仇女神的追逐，躲进帕特农神庙寻求保护时，智慧女神雅典娜为了避免冤冤相报的恶性循环，组成了特别法庭，以公开审判表

① 参见马新、杨朝明等：《中国传统文化读本》，山东大学出版社 2014 年版，第 158 页。

决的方式，赦免了奥瑞斯忒亚的罪过。莎士比亚笔下的哈姆雷特，其悲剧性格的意蕴深度，正如学者所分析得那样，“他高贵的天性容不得半点污秽，在他，任何非公开的行动都可能被视为卑鄙，威登堡大学里的人文主义教育使他高尚的志趣锦上添花，文明的种子已深植于纯洁的心田。说真的，复仇——避开法律以完全个人的方式，就像原始时代的野蛮人那样——太不符合哈姆雷特的教养和个性”[①]。在坚信“绝对正确的革命之上，还有一个绝对正确的人道主义”的法国作家雨果(Victor Hugo)笔下，犯有“盗窃罪”的冉·阿让，在米里哀主教的感化下，终于成为不计前嫌，能够以德报怨、乐施好善的道德的化身。

客观来看，东西方的思想虽然有殊途同归之契合，但也不排除异处。相比较而言，儒家关怀更具人本色彩，而古希腊苏格拉底的哲学思想所推崇的“真知”是求助于神来实现。例如苏格拉底所言的“自知己之无知”，并不是说人处于完全无知，而是指拥有各种“臆见”(想法、思想)的状态，主张人要坚信真知的存在，要有求索的勇气。很显然，哲学意义上的“爱智”，是一种“真知之爱”，而非一般所谓的人的“好学”、“求知欲”中所寻求的知识。西方哲学与中国传统的儒学、经学对于“知”的要求和理解存在着立论基调的不同。新时代中国的人文主义要实现大发展，必须继承中华优秀传统文化，从古代文明中汲取精华，从西方文明中吸收养分，进而实现新突破。

① 王化学：《西方文学经典导论》，山东人民出版社2004年版，第111页。

人的内心，既求生，也求死。我们既追逐光明，也追逐黑暗。我们既渴望爱，有时候却又近乎自毁地浪掷手中的爱。人的心中好像一直有一片荒芜的夜地，留给那个幽暗又寂寞的自我。

——弗洛伊德

第三章　社会现实视角

如何理解道德的现实主义视域？这个问题，用通俗一点的话讲就是，与"人性欲望"过招的道德能否胜出？能够真的像理想主义者所预言并期盼的那样王者无敌，完美胜出呢？答案还真不一定。客观现实则是，道德迈向崇高是需要先来"通关"的，那就是需要通过跟人性比拼的第一关。

在现实生活中，人们耳边萦绕的是道德理想主义的声音，而周围的人和事似乎总能把你拉回到现实世界中，因为人性的存在，似乎与道德形成二律背反。例如孔子讲伦理，推崇君子型人格，与此同时，孔子又对人性持现实主义态度，甚至是悲观主义态度。子曰："吾未见刚者。"(《论语·公冶长》)意思是，我活到如此年纪，还从来没有见过一个真正刚正不阿的人，人都是有私欲的，并且人的见识永远是狭隘的。孔子的这个观点与苏格拉底所言"人要自知己之无知"的不断求索的通达智慧不谋而合。

"人生不如意，十之八九"印证着人生的诸多无奈，其中缠绕着无法绕开的复杂的人性。恰恰是因为缺乏，才显示出崇高理想中的君子型人格愈发可贵。

"天下熙熙，皆为利来；天下攘攘，皆为利往。"(《史记·货殖列传》)"君子坦荡荡，小人长戚戚。"(《论语·述而》)2000多年前的孔子早就洞察到了人趋利和贪婪的本性。而"崇高的君子人格"的说辞更像是拷问人性的鞭子，一遍遍抽打着私欲者的灵魂。对照基督教中所言的"作恶的人性只能堕入地狱深渊"的预言，现实主义者对人性的期望越大，失望越大。孔子甚至下结论，过招的结局并不是胜出，甚至相反，绝大多数情况下，君子斗不过小人。这似乎是对教育及教化理想中的道德及君子型人格推崇的莫大嘲讽。所以伦理学需要人性的反思，需要现实主义态度理性客观看待，而不是头脑发热构筑空中楼阁。

孟子与告子的那场辩论中，告子的观点是人无善恶，只是受外在影响而变善恶，人性向善向恶非本性而是靠后天引导。孟子反问告子："人无有不善，水无有不下。"（《孟子·告子上》）但从哲学和语言逻辑的角度看，孟子并未驳倒对方。而孔子的高明之处在于，"仁者爱人"的伦理思想更大程度上是理想主义者对于人的灵魂的洗礼，同时孔子在解答弟子疑问的时候讲过"君子固穷"，意思是说现实社会中，君子型人格是常人所难以达到的境界，换句话说，与"人性中的欲望"过招的道德能否获胜，并无定论。因此在理想主义与现实主义的比拼和较量中，孔子也曾感到纠结。幸运的是，孔子并非常人与凡人，而是圣人，他不同于西方宗教寄托于彼岸世界去寻求来世的救赎，而是将现实主义态度应用于生活实践，唤醒人性中的良知与正义，在此岸的世界获得灵魂提升的途径，从而教会人们高尚、充实并坦然地生活。古人虽然物质条件有限，但生活智慧的境界不可谓不高。苏格拉底的名句"美德就是知识，智慧就是美德""未经省察的人生是不值得过的"与儒家思想也有着惊人的契合之处。

"君子慎独，不欺暗室。卑以自牧，含章可贞。"意思是有道德的人，即使是独处也会谨言慎行，严于律己，不做违反道德及法律的事情，不辜负自己的良知。《大学》中提到"自天子以至于庶人，壹是皆以修身为本"，此外还提到"此谓诚于中，形于外，故君子必慎其独也"，意指返回自心，谨慎内省。

现实生活中，道德的主观体验是道德的直观表征，必须直面人性，正视弊病，针砭时弊，有内刃的勇气，才能自信通达地对接现代人文精神。

特别是在信息网络化高度发达的今天，人人都是自媒体的接触者，可以了解社会动态，可以就社会舆论在网络上发声，进行舆论监督。聚焦当今的时弊，需要把脉就医的一个典型病例就是道德冷漠。这是一种人文关怀遗忘下的道德冷漠，其消极影响不容忽视。道德冷漠的内涵和表征包括以下几个方面：一是社会生活中道德敏感的缺失。道德敏感是一种自觉的道德意识，包括对善的领悟和发现，对恶的感知和反应。道德敏感通过对社会和他人的道德行为的爱憎分明，发挥道德对社会的调节和引导功能，维护正常的道德秩序。道德冷漠意味着对他人行为漠不关心的麻木状态，是道德的边缘化和失语。二是回避道德责任，缺乏起码的是非善恶观念。道德的重要功能是通过社会舆论对他人的行为进行是非善恶的评判，对他人的行为实施道德监督，从而达到惩恶扬善的目的。三是同情观念的缺失。对弱者表示同情是人天生的美德，而道德冷漠使人对弱者缺乏怜悯爱惜之心。四是道德义务的缺失。道德冷漠还表现为道德主体面对道德义务时麻木不仁，在能够履行道德义务时却选择不作为，背弃道德义务。

道德冷漠的产生有深刻的社会文化根源。老人摔倒无人搀扶酿成悲剧的事件屡见报端，引起了国人的深刻反思：在一个深受儒家传统文化熏陶的国家，一个被称为"礼义之邦"的国家，一个以"仁义礼智信"为君子标准的国家，一个数千年来都提倡"老吾老以及人之老，幼吾幼以及人之幼"的国家，为何老人摔倒时众人会选择视而不见？导致此现象的根源又在何处？而"冷漠文化"的提出恰恰易于引起人们对冷漠现象的深刻反思。犹太裔作家威塞尔（Elie Wiesel）曾说，美的反面不是丑，是冷漠；信仰的反面不是异端，是冷漠；生命的反面不是死亡，是冷漠。鲁迅先生曾奋笔疾书，呼吁中国青年摒弃冷漠。他讲道："愿中国青年都摆脱冷气，只是向上走，不必听自暴自弃者流的话。能做事的做事，能发声的发声。"①

冷漠文化指向一定历史基础上的现实中的多重道德盲点所折射出来的人性弱点。而人性中负面化的冷漠是不符合社会正义的。拥有上下五千多年历史的中国以和为贵，历来都有为国万死不辞之人，历来都有为正义、为朋友仗义疏财、义薄云天之人。忠孝仁义从来都是我们义不容辞之责任。《论语·为政》有云："见义不为，无勇也。"在这里，孔子所说的"义"即符合于仁、礼要求的事，"勇"是实现"仁"的条件之一。在当今时代，匡扶正义，拒绝冷漠，重思儒家伦理"仁"字价值观，践行社会主义核心价值观，对社会主义现代化治理体系建设意义重大。

当全面审视当代人的道德精神时，有着强烈社会责任感的正义之士看到了道德盲点并提出警示：一旦失去道德底线，人就会跌入吞噬人性、良知和公德的陷阱；当许多有悖于社会伦理道德的观点却被奉为圭臬时，社会也容易因道德失察而走向失衡。道德盲点与已经发生的道德危机比起来，对社会的影响也许更大、更深。道德盲点影响了社会的潜意识和大众话语体系，特别是在人人可以发声的自媒体背景下，这些行为主体的互动下所形成的是充满负能量的冷漠文化。

---

① 鲁迅：《鲁迅全集》第2卷，江苏凤凰文艺出版社2020年版，第22页。

我们考察伦理学视野下冷漠文化的集中表现，也就是冷漠文化在现实社会中的表征。社会上存在着许多道德盲点，包括官德盲点、商德盲点、公德盲点、医德盲点、师德盲点、亲情人伦道德盲点、网络世界中的道德盲点。[①]

网络曝光的很多负面新闻揭示了社会上一些人不惜背弃道德和人性，采取不法手段牟取暴利。例如，2009 年湖北省三位大学生为救落水者溺水身亡，打捞尸体的船主却要挟岸上的师生支付打捞费用，这件事一经报道就在社会上引起广泛关注。社会不良环境的误导使得一些人为追逐利益背弃正义与良知，甚至泯灭人性。2011 年的小悦悦事件透露出路人的冷漠。2013 年长春市赵兴德老人买菜时突发脑梗倒地，178 人跨过，只有一位陌生的"白衣女子"施以援手。这段视频在网上广泛流传，不少人将其与小悦悦事件相提并论。此外，某些领域道德缺失使得奢侈浪费、享乐主义、拜金主义一度盛行，我行我素、自私自利、缺少集体主义精神等现象普遍化。网络道德的缺失，价值观的迷茫，迷恋于对物的占有、享受和崇拜，以致出现唯利是图、以权谋私、贪污受贿等社会风气，都无不令有社会责任感的正义之士深感忧虑。近些年出现了瘦肉精、染色馒头等食品问题，酒驾肇事、豆腐渣工程房屋等公民安全问题，这些现象背后是道德底线急速下滑，甚至一降再降。

人的道德体验离不开内心的是非观。特别是在网络信息社会，信息量特别大，有真实信息也有失实报道，甚至有妄加揣测的恶意评论，这些负面的言论不利于公众是非观的确立。

道德是多数人在"律己"和"利己"两个维度之间寻找的平衡点，而那些成为众矢之的的道德败坏之人恰恰是将"利己"置于"律己"之上，置公众或他人的利益于不顾。其冷漠与自私可谓发展到"极致"，令人发指。

道德的解析，是复杂的题目，不同的人会有不同的解。"人是一个社会历史的建构物"，不是一个孤立的存在，不良道德的"诱饵"、败坏道德的"陷阱"处处可见，确需慎初、慎微、慎独、慎终，慎之又慎。明代大哲学家王阳明说："戒慎恐惧之功，无时或间。"斯言善哉！

---

① 参见舒雨等：《道德盲点》，内蒙古人民出版社 2004 年版，第 11 页。

第一节　人文关怀匮乏下的道德冷漠的集中表现

道德冷漠一般是指在社会生活中道德感、道德经验或道德判断力的匮乏，它通常表现为道德敏感的丧失和道德判断的搁置、道德意志或道德勇气的缺乏，以及道义感或道德是非感的丧失。

从本质来看，人文关怀的缺失，即缺乏对社会、对他人的关怀，背离了“仁者爱人”的儒家关怀传统。这种遮挡人类理性智慧光芒的做法无疑是精神生活的退化，在物欲中迷失方向，甚至等同于丢失了灵魂。

从伦理学角度来看，这种冷漠文化是行为主体处于畸变状态的一种道德心理和道德行为，它反映了行为主体在具备一定道德知识和道德观念的情况下，与正常道德关系相脱离，导致行为主体道德认识出现问题，不能正常发挥道德实践功能的心理状态。在现实生活中，主要表现为行为主体对道德持冷漠、怀疑、漠视的态度，以及对道德义务的拒斥、逃避等消极性道德心理和道德行为。

道德盲点是道德冷漠现状的直观镜像，是预期的和实际的道德行为之间的差距，即理想的自我和真实的自我之间的差距，其内容涵盖官德盲点、商德盲点、公德盲点、医德盲点、师德盲点、亲情人伦道德盲点、网络世界中的道德盲点等。

一、官德盲点

官德从本质上来看，是一种政治道德，而政治道德至关重要，自始至终处于社会道德的核心地位。官德与其他职业道德相比有着双重性的特点：领导干部作为一个职业道德主体，既要忠于国家、忠于人民、忠于法律、忠于职守，具有高度的责任意识、公仆意识，谦虚谨慎，求真务实，公事公办，一视同仁，惩恶扬善，救危助困，又要在权力运用过程中具备权力道德，即与权力的行使密切相关的道德意识和道德行为，如遵纪守法、诚实无私、廉洁自律、不谋私利等。官德在整个社会道德体系中处于主导地位。儒家思想强调“其身正，不令而行；其身不正，虽令不从”（《论语・子路》），官德的状况在很大程度上代表整个国家的道德文明程度，直接影响着整个社会道德体系的运行。其为德人，才有德政，德行自古以来就是评判官员的第一标准。在百姓的心目中，好官的形象是为官清廉、为民做主、一身正气、两袖清风。百姓内心积淀了浓郁的清官情结，将自己的命运寄托在清官身上，期盼清官当道、风调雨顺、丰衣足食。例如在公检法这个领域，领导干部一旦行为失德，就可能知法犯法、徇私舞弊，形成法治建设的“短板”。一旦执法的公职人员利用手中权力，协助违法犯罪人员逃脱法律制裁，那后果不堪设想，这势必与“增量民主”下的“善治”背道而驰。在信息化社会，民众获取信息的途径较为直接，信息的透明度较高，政府的公信力置于民众的监督之下。丧失官德的公职人员不但抹黑政府形象，而且使政府在民众心目中的公信力大大下降。法律需要对那些丧失官德的知法犯法的人员加以严惩，并筑起铜墙铁壁来捍卫自身的尊严和“善治”的政府形象，从而维护和增强社会主义法律的公正性，进一步树立政府的公信力。

个别走向歧路的领导干部的法治观念不但没有增强，权力意识还肆意膨胀。个别领导干部自认权力当道就能为所欲为，是非不分，置法律于不顾，甚至“动用”黑恶势力，掌权为己，贪婪无度，从收受礼物发展到大笔受贿、索贿甚至敲诈，最终官德尽丧甚至成为巨贪，沦为阶下囚。

个别干部患有“权力依赖症”——对权力既崇拜，又缺乏安全感；既渴望拥有权力，又害怕失去权力。为了让仕途顺利，他们甚至背弃科学开始讲风水、寻大师、求神拜佛。一些干部面对群众的质疑，张口说谎，故意夸大、编造或者隐瞒事实真相。一些急需政绩的干部将升迁希望寄托在政绩工程和数字游戏中。一些干部出于现实利益考量，欺上瞒下竟然成为他们工作中的一种常规手法、生存“秘籍”。形式主义蔓延导致虚假工作，“官出数字，数字出官”就是对这种现象的生动写照。

此外，集人事、就业、教育于一身的招考腐败事件也引发关注。从江西庐山管理局“招考舞弊门”到浙江温州公路管理处“招聘门”，再到山西长治环保系统“体检门”，层出不穷的“萝卜招聘”“世袭招聘”引发网民热议。有的网民评论道：招考腐败让穷人的孩子又一次输在起跑线上，“拼爹游戏”等招考乱象一次次挑战着公平底线。招考腐败的根源在于资源分配不公，加快推进制度公平建设迫在眉睫。

在德与才的关系中，德是前提，制约着才的发展方向。因此，有人对干部作了这样的形象比喻：德才兼备是“精品”，有德无才是“次品”，有才无德是“危险品”。只有把做官的出发点和落脚点定位于发展事业、服务人民、奉献社会，才会做到无论顺境逆境始终奋发进取，无论官大官小始终心系一方百姓。也唯有如此，才能获得持久不竭的前进动力。不讲修德只想做官的人往往急功近利，不顾民情，不讲实际，一味追求显性政绩、轰动效应，甚至会为求官而不择手段，走到投机钻营的邪路上去。这样的人也许能做官一时，但纸包不住火，最终还是得丢官。

官场上林林总总的关系学、厚黑学、潜规则、官场术，与树倒根存、腐朽落后的封建思想有着千丝万缕的联系。不少干部头脑中的封建思想包括但不限于上述"学"或"术"。人民论坛网曾刊登《形式主义四大根源》，呼吁杜绝形式主义与投机主义，一针见血地指出某些公职人员的形式主义作风严重，其本质是责任意识薄弱，着眼私利，私欲膨胀，以"投机主义"保全个人利益。

形式主义造成的恶劣影响也非常明显：一是严重影响清明的政治生态。"面子工程"多了，必将助长形式主义的工作作风，"文山会海"等流于形式的工作会造成资源浪费和分配不均，挫伤干部积极性，让倦怠之风、官僚之风蔓延不止。二是严重损伤政府公信力。当"以人为本"成为空泛的口号，当"体察民心、顺应民意"成为考核政绩的幌子，当"敢以民情验天心"无法落到实处，当群众的切身利益得不到保障，人民没有获得感，就会对政府公信力产生怀疑。正所谓"足寒伤心，民寒伤国"，干部恰恰需要铭记百姓，谋事、创业、做人都要实，方能不偏离方向，不摆错位置，不扰乱秩序。三是严重影响政府体制机制改革。当前，我国正在不断推进治理体系和治理能力现代化，改革政府体制机制，简政放权稳步推进，成效显著。但形式主义依然"见缝插针"，许多干部想要轻装上阵却阻碍重重……这将严重影响我国治理体系的科学建设、治理能力的稳步提高。

二、商德盲点

商业道德作为维系商业社会正常生活的纽带，总是和企业的活动紧紧联系在一起。我国的商业道德、商业伦理源远流长，两千多年来积累的"以义取利""货真价实""秤平尺足""童叟无欺""和气生财""买卖不成仁义在""待人以诚，执事以信""诚招四海客，誉从信中来"已形成中华民族经商伦理的内在精神。在社会转型时期，经济的发展也带来了不同的价值观念。事实上，心态和行为一旦背离了正向轨道，并未朝着经济所需要的合理的方向发展，那么呈现出的必然会是无秩序、无规则、无理性的反文明状态。

据国家工商行政管理总局的统计，每年经济合同有40亿份，履约的只有20亿份，合同交易只占整个经济交易量的30%。每年逃废债务造成的直接损失约

1800亿元，合同欺诈造成的直接损失约55亿元，制假造假造成的各种损失至少有2000亿元。每年诚信缺失造成的经济损失高达5000多亿元。[①] 各级法院的经济纠纷诉讼案件呈现井喷式增长。信用是经济生活中对交易者合法权益的尊重，一旦市场丧失诚信，必然会人人自危，相互防范，无形中丧失很多经济合作机会。

当今社会，拜金主义思潮蔓延。拜金主义是把金钱当作圣物来崇拜的一种社会思潮，主张“一切向钱看”，排斥道德规范和精神文明。在拜金主义思潮的影响下，一些人的价值观严重扭曲，为了“捞钱”，他们不惜铤而走险，以身试法。合同诈骗、价格欺诈、非法传销、制假售假等黑色经济泛滥，是对中国传统商业伦理道德底线的挑战。

改革开放以来，社会主义市场经济体制经历了重大的历史性转型，经济建设取得了巨大成就，社会生产力逐渐提高，商品经济日益发达。但是，经济领域的道德缺失现象也日益凸显，这些问题不但严重影响着经济活动，而且在一定程度上影响了社会风气，制约着人的全面发展。这就需要经济主体讲究道德，具备良好的商业信誉，树立正确的商业道德价值观。亚当·斯密（Adam Smith）的《道德情操论》（*The Theory of Moral Sentiments*）认为，若追求金钱名利超出对智慧和道德的追求，整个社会便会出现道德和情操的堕落，结果便是公正性原则被践踏、市场经济趋于混乱。

假冒伪劣商品给消费者造成财产损失，有时甚至是身体上的损害。例如，一些涉及国计民生的日用品，本该让寻常百姓用得放心，可如今却频频出现问题。一些不法商家贪婪成性，罔顾人命，丧失做人的良知与底线。可实际上，多数消费者在面对商家制造销售假冒伪劣产品的丑恶行径时，因为“怕麻烦”“没必要”，最终选择“忍气吞声”，放弃维权。这只会纵容更多不法商家，他们不会收敛自己的罪恶嘴脸，反而变本加厉，谋财害命。正如《资本论》里提到：当利润达到50%时，就有人敢于铤而走险。而当利润达到100%，他们就会践踏人间的一切法律。当利润达到300%时，他们就敢于冒上断头台的危险。[②] 我们对邪恶的所有仁慈，都会化作对善良的残忍。

---

① 参见《不可小觑企业诚信缺失对经济的影响》，《南方日报》2014年7月10日。

② 参见马克思：《资本论（节选本）》，人民出版社2016年版，第226页。

三、公德盲点

社会公德是人与人、人与社会、人与自然和睦相处的基本规范，是社会成员为维护正常的社会秩序必须共同遵守的公共生活准则。在现代生活中，公共生活领域不断扩大，人与人相互交往日益频繁。社会公德在维护公众利益、公共秩序、社会稳定方面的作用愈加突出，成为公民个人道德修养和社会文明程度的重要体现。中华民族历来有讲礼仪、重德行的优良传统。孔子的“己所不欲，勿施于人”，孟子的“老吾老以及人之老，幼吾幼以及人之幼”，孙中山先生的“天下为公”，这些思想一脉相承，贯穿对社会公德以及对个人、家庭、社会和国家的科学认知。“天之本在国，国之本在家，家之本在身。”遗憾的是，现今许多人“身”之不正，不但影响个人、家庭和社会，而且已经影响到国家的形象。

随着城市化进程的加快，我国许多城市的基础建设不仅赶上甚至超过了发达国家。但是我们漫步城市街头，时不时会看到一些“另类”风景：公共财物无端受损，从垃圾桶、窨井盖到交通护栏，从公交车、街边椅、公共绿地到缺失零件、局部损害的共享单车，都能看到人为损坏的痕迹。当毁损公共财物毫无顾忌时，当不讲公德毫无羞耻时，单纯的指责已经苍白无力，更重要的是追究其背后的原因，寻找解决的策略。2007 年彭宇案的判决，把“能否见义勇为”这一问题摆在了社会面前。小悦悦事件则将这一讨论推向了新的高潮，该事件就像一把尖刀，刺中了道德虚弱的社会心脏。在旁观者的冷漠中，能窥视到对邪恶的纵容，更能看到对弱者缺乏同情。这种“事不关己高高挂起”的社会心态就像毒药侵蚀着人的心灵，导致社会对良知与正义的遗忘和背弃。

个体道德的基础是人类精神的自律。道德人格的形成过程，实际上是一个人道德意识从觉醒到自我改造、自我完善的自觉、自律的过程。如果缺乏自律精神，外在的道德规范将很难转化为心中的道德信念，特别是处于社会转型期，中西方文化的冲突、新旧观念的碰撞，容易滋生道德失范现象。要真正提高全社会的公德意识，最主要的还是依赖每个人自律意识的提升和道德信念的确立。

四、医德盲点

医德是医护人员的从医伦理道德，是一种职业道德，涉及一般社会道德在医疗卫生领域中的特殊要求，调整医务人员与病人、与社会以及医务人员之间三方面的关系。

中国传统医学(以下简称“中医”)历经五千多年仍熠熠生辉。中医的魅力与光辉不仅仅来源于其神奇的疗效和独特的理论体系,还有一个很重要的原因就是历代中医大家们身上闪烁着的医德,它随中医独特的诊疗技术传承至今。

三国时,江西名医董奉专为贫苦百姓治病,不要酬金,只要求病人痊愈后栽杏树数株。数年之后已蔚然成林。杏子熟了以后,董奉又把它换成粮食接济贫苦百姓。这段“杏林佳话”成为中国古代医德的典范。“杏林”现指代医德高尚,“杏林望重”“誉满杏林”往往用来赞誉医德高尚的人。

医德是一座丰碑,它成为高尚者流芳百世的见证。综观古今中医各家,大凡有所建树者,无一不德艺双馨。他们用自己的言行举止诠释着医者仁术,用自己的心血汗水捍卫着医道尊严。下面浅析五位具有代表性的医家身上所体现出来的医德。

晋代名医葛洪鉴于以往“诸家各作备急,既不能穷诸病状,兼多珍贵之药,岂贫家野居所能立办”的情况,决心“率多易得之药,其不获已,须买之者,亦皆贱价草石,所在皆有”。[①] 由此可见,葛洪作为一名医生,是很关注底层人民的,能针对他们的具体病状,考虑他们的经济状况。他不辞劳苦,编著《肘后备急方》,文字朴实易懂,不失为一本家庭用药手册。这种处处为贫苦患者着想的精神值得我们学习。当前,政府非常关注老百姓“看病难,看病贵”的问题,并采取了相应的措施,比如分批降低部分药品的价格,并实施了医保体系改革方案。但是由于一些大型医药公司配合力度不足,而已经降价的部分药品的效果与那些大型医药公司的同类产品相比又存在着一定的差距,因此很多患者在看病时,不得已依旧选择高价药品,老百姓“看病贵”的问题还有待进一步解决。这说明医疗改革并非易事,存在诸多难点和痛点。但是试想,如果我们的医者都有葛洪那样的思路、决心和毅力,如果医者和患者双方都秉持善良、人道、感恩之心,那么对改善以上的局面还是大有裨益的。

唐代名医药王孙思邈不但热爱中医,而且喜好经史佛老之学。他认为:“若有疾厄来求救者,不得问其贵贱贫富,长幼妍媸,怨亲善友,华夷愚智,普同一等,皆如至亲之想。”[②]从孙思邈所言,我们能感受到他视患者如至亲的接诊态度。这里面有两个重要的原因:第一,医学是一门救人的学问,如果不把患者视

① 《葛仙翁〈肘后备急方〉序》。

② 《备急千金要方·序例》。

为至亲，何以会竭尽全力地去进行救治而心底无私呢？第二，医者收入来源于患者，从这个层面上理解，患者可以说是医者的“衣食父母”。虽然造成如今日益紧张的医患关系的原因是多方面的，但是，不可否认的是，某些医务人员的作风确实亟须转变，要树立“服务型”理念。在对待同行关系的问题上，孙思邈认为：“夫为医之法，不得……道说是非，议论人物，炫耀声名，訾毁诸医。”[①]由此不难看出，他虽然在当时是首屈一指的名医，但在同行面前仍然保持谦恭。孙思邈正因为有如此高尚的情操，所以才能心如止水地精研医学，不断攀登医学高峰。

明朝末年，战争连绵，灾荒不断，疫病流行。崇祯十四年（1641），山东、河南、河北、浙江等地疫情猖獗，延门阖户，感染者往往相率倒毙。一般医者以伤寒论治，难以取效。当时医者吴有性认为：“守古法，不合今病，以今病简古书，原无明论，是以投剂不效。”[②]吴氏因此系统地钻研古代医书，认为历代医书研究瘟疫的太少，故而大胆设想，深入观察，“格其所感之气，所入之门，所受之处，及其传变之体”。他结合临床实践经验编写的《瘟疫论》，成为我国医学发展史上继《伤寒论》之后又一部论述急性外感传染病的专著，在外感病学及传染病学领域均占有重要的地位。吴氏的医学成就与其不顾个人安危，亲临疫区寻求疾病之因、探求治病之法，奋不顾身地为患者着想的精神与举动是分不开的。在他看来，患者生死乃是大事，体现出其深厚的人道情怀。真可谓苟利患者生死矣，岂因祸福趋避之。

当代也有很多人民的好医生，如“白求恩奖章”获得者华益慰就是医务工作者学习的楷模。作为医者，他先后参加支援西藏医疗队和海城、唐山抗震救灾等行动，挽救了无数患者的生命，并在2006年被评为“感动中国十大人物”。

中国著名的肝胆外科专家吴孟超凭借高超的医术，在近75年的行医生涯中，将超过15000名病人从死亡线上拉了回来。在96岁时，他还坚持每周主刀至少三台肝胆手术，而每台手术都长达三四个小时。可以想象，如果没有无私奉献的医者仁心，他是做不到的。

现今医患纠纷事件频频曝光，导致医患关系紧张的因素有很多，医生为患者诊疗时诚心不足、耐心不够，造成患者及其家属对医生有戒备甚至敌对心理是其中很重要的一个因素。虽然患者在接受诊疗期间可能由于种种原因而不

① 《备急千金要方·序例》。

② 《〈瘟疫方论〉自叙》。

配合医生，但是明代名医喻昌认为："然苟设诚致问，明告以如此则善，如彼则败，谁甘死亡而不降心以从耶？""此宜委曲开导，如对君父，未可飘然自外也。"[①]从喻昌所言中，我们不难看出，如果对患者诚心，尽责任，动之以情，晓之以理，耐心地为患者服务，患者怎么可能不与你交心，不配合你工作呢？所以在自身修养方面，行医之人的确应该好好领会喻昌之言的深意。

世人都只看到名医的光环与伟大，却很少知晓名医的难处。殊不知学医难，行医更难，做名医尤其难。这里的"难"不仅是说成为名医的过程艰难，而是如徐大椿所言，"凡属轻小之疾，不即延治，必病势危笃，近医束手，举家以为危，然后求之"，"其病必迁延日久，屡易医家，广试药石，一误再误，病情数变，已成坏症"。[②] 病人及其家属对名医所寄予的希望很大，要求很高，有的病虽然迁延日久，但若经过积极救治还能转危为安，但是很多患者被一些庸医折腾过久，即便华佗再世，也束手无策！然而病家常常又不会理性看待，甚至责怨名医。徐氏以上所言便是告诫名医不可过高地看待自己，名医说到底是人而不是仙，同时这也是对患者及其家属的肺腑之言。名医如此，普通的医生更应该谦虚谨慎，不骄不躁。徐氏也讽刺一些徒有虚名的"名医"，他直言道："获虚名之时医，到处误人，而病家反云此人治之而不愈，是亦命也。有杀人之实，无杀人之名。"[③]一些所谓"名医"置患者生死与其家属利益于不顾，打着治病救人的幌子行误病害人之实，特别是那些打着中医的招牌谋财害命的伪中医，在很大程度上败坏了中医的名声。医务工作者特别是中医工作者不仅要有谦虚自省、人不知而不愠的医德，而且要具备实事求是、淡泊名利的医德。

医患之间的矛盾和冲突在多大程度上受到医德的影响，是值得每个医护人员深思的问题。有一些医护人员玩忽职守，没病说成有病，小病说成大病，阑尾炎手术切了子宫，在死者的腹腔内发现血管钳……一个个惊心动魄的医疗事故就发生在我们身边。随着市场经济的不断发展，药品的价格与价值相背离，不但迷惑了普通患者，就连略懂医学卫生常识的人也惊呼"看不懂"。高价药、假药、天价药费单等乱象，使患者的利益甚至是生命权益无法得到保障。

德国医学家胡佛兰德(Christoph Wilhelm Hufeland)说过："医之处世，唯以救人，非为利己，乃业之本旨也。不思安逸，不图名利，唯希舍己以救人，保全

---

① 《医门法律》卷一。

② 《医学源流论》卷下。

③ 《医学源流论》卷下。

人之生命，医疗人之疾病，宽解人之苦患，其外非所务矣。”[①]中国具有几千年仁爱救人、不图钱财、清廉纯正的医德传统，医生要具备“仁心仁术”，对病人的健康负责，把病人的健康看得高于一切。为病人诊疗疾病是医务人员的本分和应尽的职责，绝不允许利用手中的处方权、手术刀等作为个人谋取私利的手段。把医患关系变为金钱关系是医务工作者道德上的堕落。

五、师德盲点

大教育家夸美纽斯(John Amos Comenius)说教师是“太阳底下最光辉的职业”。民意调查显示，在所调查的21种全民所有制的行业中，教师被认为是社会形象最佳、拥有极高社会威望的职业。从总体上看，教师的职业道德状况相对较好，但不能忽略在教育界也存在师德盲点。

一堵堵围墙也难以维护“象牙塔”的安谧和纯洁，“假教授”“上假课”“炒卖假文凭”“办空头学校”“高考舞弊”“学术造假”等乱象近年来频频出现。学校乱收赞助费或将收费与入学挂钩已经成为公开的秘密。从幼儿园开始，到小学、中学、大学，各类学校尤其是稍有名望的重点学校，“进门费”“赞助费”少则成千上万元，多则十几万甚至几十万元。国家教育部门为制止乱收费，不得不多次下发红头文件，甚至将收费标准公布于众，但仍有部分教育单位顶风而上。目前教师群体中也存在一些不可回避、不容忽视的师德滑坡现象。个别中小学教师把教书育人商品化，有的热衷搞有偿家教，有的向学生家长索取或变相索取礼品、礼金，或是巧立名目、乱收费用。少数教师不安于教育工作，一心想着“跳槽”或忙于第二职业，在本职工作上马虎行事。凡此种种不良失德行为虽然发生在少数教师身上，但在一定程度上损害了教师的声誉和为人师表的形象，阻碍了教育事业的健康发展。

2020年10月22日，湖北省英山县教育局官网发布通报，称英山县发生一起教师体罚学生事件。教师体罚学生虽然是个别现象，但终究还是存在的。每当发生这样的事，坊间多深挖老师的原因，也会问责学校领导，甚或扯到教育行政管理上。诚然，一个在职教师在岗位上犯错，所在学校是有一定责任的，教育行政部门也有教训可吸取。但是，外因是变化的条件，内因是变化的根据，像教师掌掴学生这样的问题，其主要责任应在教师本人，而内因是其违背了应有的

---

① 施榕主编:《乡村医生医德学》，上海科学技术出版社1990年版，第178页。

职业道德。教师不能体罚学生，是教师必须遵守的职业要求之一。从这些师德盲点来看，神圣的教育领域被师德缺失的教育人员亵渎，其社会危害性和负面效应也很恶劣。

国家“双减”政策出台之后，一些培训机构的违规操作等乱象，也从某些方面暴露了利益驱使下教育宗旨遭遗忘与弱化的严重问题。

此外，在高等院校评价体系中，一旦缺失了人文精神，惯于急功近利，就容易滑入学术违规的深渊。高校要把学术道德和学术规范作为教师培训尤其是新教师岗前培训的必修内容，并纳入本专科学生和研究生教育教学之中，把学风表现作为教师考评的重要内容，把学风建设作为高校各级领导干部考核的重要方面，形成学术道德和学术规范教育的长效机制。高等学校要通过校内报刊、电台、电视台、网络、宣传橱窗等各种有效途径和形式，广泛深入地开展学术道德宣传教育活动，发挥学术楷模的示范表率作用和学术不端行为典型案例的教育警示作用，努力营造以遵守学术道德为荣、以违反学术道德为耻的良好氛围。

六、亲情人伦道德盲点

2021 年，演员郑爽陷“代孕弃养”舆论风波，引发了公众对“商业代孕”“代孕立法”的讨论。全国妇联也发文、转文表明反对代孕。2021 年 1 月，中华全国妇女联合会微信公众号“女性之声”转载的“光明时评”文章提到，长期以来，代孕背后最严重的问题，是无数女性“拿命换钱”。此前，全国妇联机关报《中国妇女报》曾在微博发文称，代孕违反我国法律，有悖道德伦理。代孕会带来诸多严重的法律、伦理和社会问题，扰乱社会伦理秩序，我国明确禁止代孕行为。

此外，2015 年兴起的“以房养老”新理念，也是涉及亲情人伦道德的热议话题。“以房养老”作为新兴的一种理念，说起来非常动听：将房地产押给保险公司，每月可以领取养老金，终老时房子交由保险公司处置。然而，这不但给不法之徒提供诈骗机会，也是对中国传统家庭伦理和道德理念的一种挑战。2014 年 7 月，中国保监会在北京、上海、广州、武汉等大城市开展“以房养老”试点。上海民政部门的调查显示，高达 90％的老人拟将房产留给自己的子孙；而华中师范大学所做的一项调查表明，99％的子女反对父母以房养老。在一线城市、发达地区尚且如此，在中国广大的农村和落后地区，“以房养老”所面临的窘境可想而知。很多人将以房养老难以推广的责任归咎为国人顽固的“养儿防老”理念。

其实，这只是一种表面现象。在中国，现在老人住的房子有多少是老人自己的本身就难以统计。有的子女会帮助父母购房，但一方面这类房子的产权并不能完全归老人所有和支配，另一方面能够给老人出资、帮助老人购房的子女更不会让父母去"以房养老"。有的子女早就认为"父母的房子是自己天经地义的财产"。这种"以房养老"的理念在西方的确有一定市场，可西方的亲子关系和中国是截然不同的。

从中国传统儒家思想中的孝道来看，出现这种家庭伦理失范现象是因为年轻人淡化了赡养老人的家庭义务，忽略了法定义务与人伦亲情，甚至在不履行义务的同时沦为"啃老族"，更有甚者，嫌弃虐待老人。

七、网络世界中的道德盲点

除了现实世界之外，网络空间也是检验伦理的重要场所。2022 年 8 月 31 日，中国互联网络信息中心(CNNIC)在京发布的第 50 次《中国互联网络发展状况统计报告》显示，截至 2022 年 6 月，我国网民规模达 10.51 亿，互联网普及率达 74.4%。网络走进千家万户，融入社会生活的方方面面，这既会影响人们的求知途径、思维方式、价值观念，也会影响人们对国家、社会、人生的看法。

调查显示，超八成网络受调查者认为当前社会处于亚健康状态，以下几点是主要表现。

(1)信仰缺失：很多人忙于生计，随波逐流，精神生活贫瘠，个人修养不足，价值多元化下存在信仰的弱化甚至是缺失，容易引发危机事件。

(2)看客心态：这部分人崇尚"事不关己高高挂起"的处世哲学，缺乏责任与担当，形同精神侏儒。

(3)社会焦虑症：因工作、生活及对未来无法预期，精神长期无法放松而引发焦虑，导致生活秩序的混乱甚至产生生理性不适。

(4)习惯性怀疑：对社会的信任度降低，网络诈骗、电话诈骗等事件进一步损害了社会诚信，导致信赖赤字，人与人之间缺乏信任和安全感，从而怀疑一切，甚至达到了神经质的程度。

(5)炫富心态：在自媒体时代，网红直播间的炫富展示、消费等级的盲目攀比，都是虚荣心作怪，是自卑心理的另一种反映。

(6)审丑心理：很多人关注明星的八卦新闻，对名人的品行不端、出轨、逃税等丑闻见怪不怪，以貌取人，丧失基本的是非判断能力。

(7)娱乐至死:有的年轻人在哗众取宠的娱乐节目中荒废掉本该提升文化素养的宝贵时间,崇尚“今朝有酒今朝醉”的个人享乐主义,心甘情愿地“娱乐至死”。

(8)暴戾狂躁症:有些人被称为“垃圾人”,他们总是充满戾气,对他人、社会充满仇恨,甚至因一点小摩擦就变得粗暴野蛮,易怒且好走极端,甚至报复社会。

(9)网络依赖症:有些人对网络产生依赖,沉溺在虚拟世界中不能自拔,虚度光阴而不自知,没有审视与反思的意识。长此以往,甚至与社会脱节,养成病态人格。例如饱受诟病的“巨婴”和“啃老族”,前者呈现出蔑视社会规则的种种丑态,后者恬不知耻地推卸成年人应该承担的家庭责任与担当。

(10)自虐心态:这部分人习惯性自我否定,自我伤害,此外,鸵鸟心态、未老先衰的初老症、思考依赖症问题也很突出。

以上网络中所反映的畸形心态需要引起重视。这些都需要良好社会风气的教化与熏陶,需要社会规则、社会伦理的矫治,需要健全的法律法规的惩治。

近年来,网络生活中的一些乱象映射了网络空间中的道德盲点,例如“审丑”“媚俗”的网红现象、营销掘利的流量至上现象等,需要我们明辨是非,理性看待。虽然网络提供了情绪宣泄的窗口,但是网络不是法外之地,虚拟空间并不代表可以为所欲为、不负责任。网上辱骂英雄、诋毁英雄形象都涉嫌违法,政府出台强化网络时代知识产权保护的政策等事实说明,在全民网络时代更需要谨言慎行,坚守住道德和法律的底线才是正道。

在“娱乐至死”的网络生活中,一定要警惕,不要盲目跟风,否则很容易被带偏。正如帕斯卡(B. Pascal)所言,人是一根能思想的苇草。只有保持理性的头脑才能不被情绪支配,才不会跟随“娱乐至死”的非理性行为堕落下去。在网络上无底线地发泄狂欢反映出传统道德和现代基础文明教育的弱化,这样的无头脑行为就是一块文明的伤疤,逞一时之快,没了公德,丢了尊严,应该规避。

“有两种方法可以让文化精神枯萎,一种是奥威尔式的——文化成为一个监狱,另一种是赫胥黎式的——文化成为一场滑稽戏。一切公众话语日渐以娱乐的方式出现,并成为一种文化精神。我们的政治、宗教、新闻、体育、教育和商业都心甘情愿地成为娱乐的附庸,毫无怨言,甚至无声无息,其结果是我们成了一个娱乐至死的物种。”[①]尼尔·波兹曼(Neil Postman)在《娱乐至死》(*Amusing Ourselves to Death*)中提醒和警示人们对大众媒介建构的“美丽新世界”保持理性和审视的

① [美]尼尔·波兹曼:《娱乐至死》,章艳译,中信出版社2015年版,第185页。

态度，强势媒介往往具有隐蔽而强大的力量去重新定义现实，塑造假的时代文化面貌。尼尔·波兹曼以一种精英文化的反思视角重新审视大众媒介可能带来的负面效果。他以20世纪后半叶美国的电视文化生态为背景，考察大众文化现状，表现出深深的忧虑。进入互联网时代，他的理论依旧具有现实意义，我们仍需对新媒体的“娱乐至死”保持警惕。在网络世界中，“热度”往往来得快，去得也快，面对各种乱象，需要静心去思考，用一双慧眼去识别，有一份勇气去抵制，持一份魄力去追问“为什么”。

八、抗疫中的道德盲点

新冠疫情暴发后，国内的疫情防控成绩斐然。与此同时，特殊时期的伦理与道德领域带来新的巨大考验。

（一）市场伦理：哄抬物价、销售假货

在疫情初期，出现了哄抬物价、销售假货以牟利的恶劣现象，可谓是“发国难财”，赤裸裸的交易所折射出的是逐利与冷漠。那些商贩丢弃善良与同情，似乎也丢失了灵魂，抛弃了良知与正义。用不合标准的口罩等物资来牟利，为了经济利益不择手段，将检测试剂、药剂与资本挂钩，客观原因是法律和制度的细化不能及时跟进疫情的演进，主观原因是经营者钻法律的空子来牟取暴利。对于每个生命体而言，生命的权利与价值至高无上，但牟利的商家为了一己私利，将他人的生命视如草芥，其抛弃公共利益的商业行为何等恶劣！

与哄抬物价形成鲜明对比的是那些奋斗在一线的医务工作者。在这次疫情中，多少位医护人员明知危险，却选择为了国家、为了人民，置自己的生命健康于不顾，勇守一线。有父子同上战场的，有夫妇在同一医院见不了面的，有带病上岗的。身患渐冻症的武汉金银潭医院院长张定宇，坚守一线30多天；80多岁高龄的钟南山医生不分昼夜奔波在抗疫的战场上。一大批人冲在抗击疫情前线，不顾生命安危，用自己的平凡之躯，为亿万人民筑起一道安全大坝。崇高由崇高者的行为所铸就，而崇高总是伴随着或多或少的个人牺牲。

在疫情期间哄抬物价，不仅违背了市场秩序，与社会公义和良知背道而驰，而且还涉嫌犯罪。2022年7月25日，最高人民法院发布《关于为加快建设全国统一大市场提供司法服务和保障的意见》，指出依法严惩利用疫情诈骗、哄抬物价、囤积居奇、造谣滋事，以及制售假劣药品、医疗器械、医用卫生材料等犯罪，维护疫情防控期间生产生活秩序。

（二）慈善伦理：捐款多少的道德绑架

道德绑架的特征是用超高标准要求普通人，换言之，就是用美德强力要求道德义务，以道德的名义胁迫或攻击他人并左右其行为无异于一种绑架。疫情期间，明星们积极捐款，表现出担当与责任。这本来是值得赞赏的事情，但是网络中出现了各种抨击言辞，表现出了道德绑架。一些明星带头为武汉捐款而引发的明星捐款数额及是否捐款问题，经媒体放大和粉丝、网友张口就来的“申讨”，使得明星捐款道德绑架事件越闹越大。无论捐款多少，都会引来网友的指责和非议。捐款本身是善举，但是却遭受到了恶言攻击，使民众的慈善热情遭受打击。

（三）公共伦理：隔离期间的违规行径

2020 年 3 月，郑州男子郭某鹏确诊为新冠感染，从境外返回郑州后隐瞒境外旅居史，乘坐地铁等公共交通工具上下班，除单位以外还到过多处公共场所，被公安局立案侦查，因为其行为触犯了《疫情防控法》。

国外返京女子不按照隔离规定外出跑步视频引发热议。据了解，该女子为澳大利亚籍华人，返京后不按规定居家隔离，外出跑步且不戴口罩。随后民警赶到对其发出警告，规定居家隔离 14 天。

2022 年 5 月，郑州大学某女生缺乏规则和法律意识私自外出，让他人冒名顶替核酸检测，确诊为新冠感染，导致全校师生 5000 人隔离。其不但因违反校规被开除，还涉嫌妨害传染病防治罪，需要承担法律责任。

疫情期间的道德冷漠和道德失范，也令完善相关制度和法律提上日程。例如，对隐瞒进入疫区的行动轨迹、隐瞒患病等情况而导致周围人群被传染的行为定性。早在 2003 年“非典”时期，情节严重的，按照过失以危险方法危害公共安全罪定罪处罚。而在新冠疫情期间，依照《刑法》第 330 条的规定，以妨害传染病防治罪定罪处罚。

（四）形式主义冷漠症：推卸责任，漠视他人生命

2022 年疫情反弹，各个城市加大防疫治理的工作力度，核酸检测成为市民常规化任务。在疫情防控的关键阶段，全国各地都存在不同程度的形式主义问题。一些地方防疫期间一天要填报十几份表格，其中很多内容重复。某些领域的防疫抗疫工作缺乏高效率协调机制，某些工作人员敷衍塞责、推诿扯皮，不负责任的现象屡屡发生。

更为严重的是，一些医院要求就诊人员出示核酸检测结果才接诊，而忽视一些急症重症患者的就诊需要，并未及时开通绿色通道，导致了多起医疗事故。几起漠视生命的形式主义冷漠症事件一经网络曝光，立即引发了网民的愤慨。

2022 年 1 月 1 日，陕西西安一名孕妇因核酸问题无法及时入院，院方执意要求持有核酸检测的绿码才能入院，而不考虑孕妇的实际危急状况，导致严重后果。孕妇因院外等候长达两个多小时而大出血，致使 8 个月胎儿流产。

2022 年 3 月 11 日，吉林 4 岁女童因急性喉炎前往长春市农安县人民医院就医，在等待核酸检测结果，以进行下一步治疗时死亡。

事后，虽然相关责任人受到严肃处理，但是逝去的生命给那些家庭造成的伤痛是无法补救的。

(五)自媒体中的涉疫谣言

2022 年涉疫谣言集中在防控措施、疾病预防与治疗、核酸抗原检测等方面。疫情期间，“封城”“全城消杀”“飞机喷洒打药”等各种版本的谣言时而出现，公众很难识别真假。“疫情期间每天可领取补贴”“阳康后要 15 天才能产生抗体”“感染新冠早阳早好”等谣言传播较广。这类谣言与民众切身利益直接相关，受关注度高，往往在微信朋友圈、微博等自媒体平台广泛转发。还有部分谣言为提高话题度，刻意编造、颠倒黑白甚至无中生有。如“贵阳女子向志愿者跪求物资”“护士抢救幼童时玩手机”等谣言，前者为蹭热度摆拍，后者实为护士使用手机在联系医生协助抢救。造谣者利用志愿者、护士这些疫情防控中的焦点人物的身份，刻意制造虚假信息吸引流量，迷惑性很强。

针对网络谣言这一痼疾，中国互联网联合辟谣平台重拳出击，2022 年共受理网民谣言举报信息 3 万余条，汇集谣言样本和辟谣数据 2.45 万条，发布各类辟谣稿件 1.31 万篇。

第二节　道德冷漠症的历史原因

从冷漠症形成的历史原因来看，负面的心理来源于封建时期习惯式思维中的事不关己高高挂起、明哲保身、枪打出头鸟、息事宁人、多一事不如少一事等，这些是冷漠看客守成求安的处世哲学。

一、封建官本位思想影响

封建"官本位"思想是一种以官为本、以官为贵、以官为尊的价值观。2000多年的封建专制统治致使这种思想意识深入中国社会的层层面面，也因此形成了"万般皆下品，唯有做官高"的社会风气，并导致了对权力、官位、官员的崇拜和敬畏，进而助长权力至上观念和依附意识。之所以有封建思想残余，是因为耳濡目染以官的意志为转移的利益特权、以官为本的价值取向、以是否为官和官职大小来评价社会地位高低。有的领导干部视党和人民赋予的职权以及自己的地位、影响和工作条件为既得利益，不是用这些职权为人民更好地服务，而是把从政看成谋取个人或小集团利益的工具；有的领导干部面临抉择时，先为自己和子女、亲属着想，为自己的小团体利益着想，而把党和国家的利益、人民群众的集体利益抛在脑后，甚至知法犯法，铤而走险，跌入犯罪的深渊。

风俗一败，中人以上，皆自弃而为恶。倘若任由这样的"亚文化"不断滋生蔓延，必然危害社会。这种"亚文化"虽然摆不上台面，却具有很强的侵蚀作用，易使成文的法规与规则受到消解与毁坏，让人偏好"变通"，依照潜规则行事，并有很强的传染性，能渗透到集体，逐渐演化为风俗习惯，潜移默化地影响着人们的思维方式与行为方式。某些人的人际关系核心就是请客吃饭、送礼行贿、搭天线、找靠山，编织一张护佑自己的关系网，血亲、姻亲、老乡、同学、朋友、战友、老领导等都被包括在他的社会关系网中，从而形成一个一个"染缸"，发展出一套套为官或人际交往的潜规则。①

二、面子文化的表里不一

对面子文化的评价虽褒贬不一，但面子文化的影响却无处不在。在社会交往中，任何人都能意识到表面的客套话与心底话的差异，也颇能预测何时必须处在何种状态之下。很多人忙于逢场作戏，维持面子，编织人情网、人情社会网。有些人甚至偏信人情关系能够替代规则与法律，用送礼和酒场编织微妙复杂的"关系网"。有些人虽然很少直接攻击说表面话的人，但是往往会在背后讥笑那些做表面文章的人。部分人的矛盾性格使他们习惯于把人分为好人和坏

---

① 参见郝思斯：《破除官本位的封建思想——对官场"亚文化"说不》，2018年11月27日，http://theory.people.com.cn/n1/2018/1127/c40531-30423868.html。

人，或者是自己人与外人，这种严格对立的区分是为了采取不同的交往策略。对好人，尊敬、同情、帮助、爱护、热情；对坏人，贬低、憎恨、厌恶、冷淡、疏远。对待自己人，舍得牺牲自己的利益，敢于袒露自己的心声，不太在乎礼节和形式；而对于外人，要封闭自己的内心世界，佯装客气和热情。双面人、双面性格使得社会交往远离了真诚与率真，充满了疲乏与倦怠。"表里不一"是指内心意念与外在言行不一致。它既是一种客观事实判断，也可以作为一种主观价值判断。翻开《现代汉语词典》，"虚伪"一词的解释是：不真实；不实在；做假。可以说，虚伪是一种纯然的主观价值判断，一种赋予了道德判断的表里不一。

当然，实际生活中"表里不一"不一定就是"虚伪"。比如，公安干警乔装打入黑社会内部，自然不能暴露自己的真实身份，面对犯罪分子的盘问质疑，还要与之巧妙周旋。公安干警在这种特殊情形下是"表里不一"，却无论如何不能说是"虚伪"。另一种情形是医生面对垂危病人关于其病情的询问，人道主义的做法当然是"不告诉实情"，至少要"见机行事"。我们通常称医生在这种情形下的说辞是"真诚的'谎言'"，这种"谎言"当然与一般的谎言——不真诚的谎言，性质完全不同。不能不分青红皂白地将任何"表里不一"都说成"虚伪"。其实，上述两个例子在西方也具有同样的意义。也就是说，西方人的"虚伪"概念同样是一种赋予了道德判断的"表里不一"。

西方人对虚伪的道德判断标准以个人自由、权利平等为原则，而个人自由、权利平等的基础则是自我真诚。当自我真诚未附加其他的信念和原则时，实际上就等同于个人的表里如一。正因为如此，西方人总是在不作深入考察、不了解内情的状况下，不加区分地将中国人的各种"表里不一"与"虚伪"混为一谈，由此得出"中国人虚伪、爱撒谎"的表面化结论。

比如，西方人经常指责中国人"虚伪"的一种经典情形是父母对子女的性教育。中国的父母在生育和男女性关系的问题上很少对未成年子女讲实话，甚至编出一些无聊的瞎话。可我们并不认为这是一种虚伪。当然，这种做法是否恰当、适宜，已随着中国当代社会文化变迁受到愈来愈多的质疑。

再如，西方人认为中国人的礼让大都是假客气、假客套。的确，我们不能说中国人在礼让中的言行与其内心的想法、欲望、目标完全一致，但礼让作为一种尊重对方的态度却是真心的。

更值得玩味的是，有的西方人专挑古代儒家圣人的"毛病"。有一次，孔子的一位学生求见，孔子托病委婉拒绝，但当这位学生出门后，孔子却取下古瑟，边弹边唱，以让学生听到他的答复。原来，孔子这样做的目的是要避免直接说出他不想见这位学生的原因在于其人品不好。其实，在我们中国人看来，孔子的这一做法非但不是虚伪，反而是确确实实的真诚，只不过他选择了一种含蓄的、智慧的表达方式。

除此以外，在西方人看来，中国人在守约、借贷乃至为人处世的人情、面子功夫等方面，无不受到是否具有诚信品质、是不是虚伪的质疑。严格地说，这个世界上谁也不能说自己是一个完全表里如一的人。之所以表里不一，可能是因为我们对外在情势的变化失去了掌控，也可能是因为对自己的能力估计过高，当然更可能是因为个体习惯于隐藏自己的内心意念而在言行上作另一种表达。

显然，对“表里不一”进行道德判断的关键在于如何理解和判断我们隐藏自己内心意念的内在动机。西方精神分析理论认为，人的精神世界分为意识世界和潜意识世界，其中潜意识世界占绝大部分，正所谓弗洛伊德的“海面下冰山”乃至荣格的“海底河床”。而人格中主要的潜意识成分会与社会文化要求及理想人格发生冲突，好在人格中的主要的意识成分会出面来“调停”这种冲突，即让潜意识的自我冲动以恰当的隐蔽方式得到部分满足。按照这种理论，西方人“表里不一”的主要内在动机成分都被扔进了潜意识大框，从而方便逃避道德审判。

与之相对，中国人对“是否虚伪”的评判历来以能否内心正直、考虑整体效益为原则，而内心正直、考虑整体效益的基础则是拿捏分寸。这又源于中国古币形制的“外圆内方”的生活哲学。“内方”，即内心正直、有原则；“外圆”，即圆融变通、拿捏分寸。用通俗的话讲，就是既能与人和谐相处，又能在关键时刻是非分明，坚持原则。表面看，“外圆”与“内方”似乎矛盾，其实二者相辅相成，浑然一体，通过发挥“外圆”而达成“内方”，通过坚守“内方”而把握“外圆”。所以，如何“隐藏内心意念”只是方式、手段，其本身无所谓道德判断，只要内心正直、拿捏分寸，达成长远的整体效益的目的即可。

三、封建社会“以人为本”观念的淡漠

在中国古代，当儒学成为社会的主流价值观后，社会的最高理想就是秩序，所有的个人价值都要服从这种低层次的秩序。堂而皇之的理由背后，往往潜伏

着很多险恶的动机和想法。这使得中国文化在很大程度上显出“表里不一”的成分，如“明儒暗法”“明儒暗道”“外尊孔孟，内施黄老”等。可以说，正是这种自觉或不自觉的软肋，导致了中国古代历史上的封建期如此之长，它一直陷在志得意满的泥淖里，如果没有思想上的光芒，很难找到一条自救之路。文化的缺失会造成历史的灰暗，封建社会中不断重演这一幕：当一个人谋求政权时，他可以打出“天下为公”的旗号，振臂一呼，应者云集；而当这个人坐在高高在上的龙椅上时，他便自然而然地摇身一变，成为一个窃国大盗。[①]

四、权利意识淡漠

德国哲学家雅斯贝尔斯（Karl Jaspers）在《历史的起源与目标》（*The Origin and Goal of History*）一书中将人类历史划分为史前、古代文明、轴心期和科技期四个基本阶段。第三个阶段为长达千年的轴心期，始于公元前800年，止于公元200年。在此期间，中国、印度和欧洲产生了灿烂的古代文明，人类一直靠轴心时代所产生的思考和创造的一切而生存。于中国而言，先秦诸子中最具影响力的为儒、法、道、墨四大家，解读它们泽及后世的义利观，亦可一窥国人权利意识淡漠之源。

在以孔子为代表的儒家眼里，“义”不仅仅是权利的观念表征，更多的是伦理型的义务之表达。“君子喻于义，小人喻于利”（《论语·里仁》），孔子的这一经典名句将“义”与“利”对立起来，“义”的概念所强调的是宗法道义上的正当性，而不是主体自身基于利益追求的权利要求（西方传统中的权利观念则不然，在那里，权利首先就意味着利益追求的正当性）。孟子师承孔子的衣钵，并把孔子的重义轻利思想推向了顶端，认为“何必曰利，亦有仁义而已矣”（《孟子·梁惠王上》），“怀利”必然“去义”。与孔孟伦理化的义利观不同，墨家较早地突出了功利主义价值的“义”之地位。既“尚利”又“贵义”的墨子把是否“中万民之利”（《墨子·非乐》）作为评价人的行为之标准，强调“贵义于自身”（《墨子·贵义》）。在墨子心目中，“利”与“义”，是目的与手段的关系，即“所谓贵良宝者，可以利民也，而义可以利人，故曰：义，天下之良宝也”（《墨子·耕柱》）。墨家的义利观把利益纳入了“义”的概念之中，这显然与推崇自然经济、强化宗法政治伦理体系的古代中国社会格格不入。相反，儒家的伦理型的义利观却潜移默化地在这块古老的大地上深深地扎下了根。儒家另一位代表人物荀子曾提出义利

① 参见赵焰：《在淮河边上讲中国历史》，广西师范大学出版社2010年版，第1页。

并重说，强调“义与利者，人之所两有也”(《荀子·大略》)，试图调和儒家伦理型的义利观与墨家实证主义的义利观，然而，在中国伦理文化占据主导地位的大背景下，这一主张没有得到支持。对于道家的老庄来说，他过于超脱，不言义、利，而讲“绝圣弃智”“绝仁弃义”“绝巧弃利”(《老子》十九章)。法家虽重功利，却不言私利，韩非子曾作《八说》，尽数私欲之祸，与道家倒有相通之处。一言以蔽之，除却影响甚微的墨家外，无法逾越的文化范式决定了先秦诸子之义利观无非大同之下的小异而已，它们皆与现代意义上的权利观无缘。

观念左右着历史，而历史又决定了观念。若从大历史观的立场审视可知，古老的亚细亚生产方式孕育了古代中国自给自足的农耕型的自然经济并使之处于绝对的支配地位；这种经济的全部或绝大部分，是在以人的依赖关系所组成的单位内独立进行的，其结果只能使人类从自然界简单地再生产出自己，也再生产出人的依赖关系。在这种社会氛围中，个人缺乏应有的独立性，人的依赖关系成为其物质生产的社会关系的共同特征。法律调整的基本特点是以确认依附关系为基本的价值目标，正是在这一法律调整的基础上，架构了以义务本位为特点的自然经济型的法律体系。社会的每个个体都身处一个范围宽泛、内容复杂甚至捉摸不定的“义务丛”——对国家、对社会、对君主、对家族、对父母等的义务中。于个体而言，义务是首要的和神圣的，像一道无声的命令，规制着人们的思想和行为。久而久之，个体的心理、观念乃至行为就被“义务化”了。故此，义务意识发达、被异化的个体，归根结底是由自然经济的特性造成的。

近代中国以变著称：变得大，变得快，且变化极为频繁。同时，近代又是一个盘根错节、扑朔迷离、难以评说的时期，像多面的普罗透斯神，展现给人们的是不同的容貌。那么，在这百年巨变中，国人那原本极其淡薄、近乎殆无的权利意识又经历了一个怎样艰难曲折的发展变化历程？

中国传统文化曾以其超稳定结构，从容地延续了数千年之久，其间几乎未曾发生过较大的结构性变动。然而，当近代中国国门被西方的坚船利炮轰开时，这种情势却发生了急转直下的变化。面对西方文化所代表的现代文明这一势不可当的世界潮流，国人不得不进行一番痛苦和艰难的抉择，由此便引出了对西方文化两种针锋相对的态度：一种是始终不改对传统文化的眷恋与皈依，顽强地抗拒西方文化；另一种则是出于救亡图存的需要，积极地回应西方文化。

在戊戌维新之前，国人向西方学习，是在列强的大炮下被迫采取的一种民族自卫、自守行动，尚处在一种自发的状态。戊戌维新之后，自发转为自觉，学习、引进西方学说的高潮在20世纪初期出现，观念意识的深刻转变亦蕴于其中。先进的知识分子在传播西方文化的运动中起着中介和枢纽的作用，严复的“民之自由，天之所畀”与沈家本的“生命固应重，人格尤宜尊”如出一辙。学贯中西的梁启超把“生命”与“权利”视为人之为人的两大要件，他指出，由于专制制度的长期压制，中国人已愈制而愈驯，权利意识则愈冲而愈淡，欲“维新吾民”，当务之急是树立国人的权利思想。“国家，譬犹树也；权利思想，譬犹根也……为政治家者，以勿摧压权利思想为第一义；为教育家者，以养成权利思想为第一义；为私人者，无论士焉、农焉、工焉、商焉、男焉、女焉，各自坚持权利思想为第一义。”①“五四人”比梁启超走得更远，他们大力张扬人格独立、权利平等和思想自由等观念。陈独秀认为，在西方，个人的自由权利载诸宪章，国法不得而剥夺之，所谓人权是也。而在东方，个人无权利，宗法制度的恶果有四：一曰损坏个人独立自尊之人格，一曰窒碍个人意见之自由，一曰剥夺个人法律上平等之权利，一曰养成依赖性，戕贼个人之生产力。② 梁漱溟在论述中西方截然不同的权利观时更是一针见血地指出：“如果发挥义务的观念，是让人合的，发挥权利观念，是让人分的。”③

第三节 现实网络生活中的思考

即时性、快节奏的特点决定了网络能够及时传播社会热点问题，并屡屡引起公众的关注，也令很多事件当事人和事由曝光于天下，接受公众的质疑和审问。与此同时，每一场舆情背后的反思都可以说是网络平台不经意间赋予公众的一堂道德伦理教育课。

一、“彭宇案”的消极暗示错误引导公众

2006年发生在南京的彭宇案，判决结果令人错愕。发生在广东的小悦悦事件中的见死不救情况，很难说不是这种错误导向的恶果。法律应该促进社会向善，而不是以“莫须有”的结论，使公众迷失正确行动的方向。

① 梁启超：《新民说·论权利思想》。

② 参见公丕祥：《东方法律文化的历史逻辑》，法律出版社2002年版，第340～341页。

③ 梁漱溟：《梁漱溟全集》第2卷，山东人民出版社2005年版，第294页。

二、中国缺少“见死不救罪”

有学者提出,人皆有趋利避害之心,有人不去救人可能会受到内心谴责,但看到别人也没去施救,内心谴责就会少很多,这在心理学上被叫作“旁观者效应”。而通过对见死不救立法,可以更好地规范人的行为,主动对需要帮助者伸出援助之手。为了最大限度地避开“旁观者”的冷漠从而促进正义、温暖的社会风气的形成,对见义勇为和见死不救行为理应健全立法。

三、罪感、羞耻感、畏惧感遭受重创

社会学上讲三元道德——罪过、羞耻、畏惧,它们共同构成了对个体的道德约束,影响个体的行为选择。罪感,可以来自宗教,如上帝,也可以来自法律;羞耻,主要是周围人群所形成的舆论压力,进而影响一个人的内心;畏惧既可以是对上帝力量的惧怕与敬畏,也可以是对法律强制力的惧怕与敬畏,还可以是对各种各样鬼神的惧怕与敬畏。这三者一旦同时遭受重创,其结果必然引起道德冷漠与社会炎凉的负面效应。

四、“制度决定论”让人变自私

当今社会某些制度还有待健全,特别是某些领域缺乏人文关怀,助长了负面情绪。很多人因为制度的不完善而选择了冷漠、自私。制度一旦过于简化,就会缺乏细致周全的人文关怀,容易背离社会的需要和人的需要,违背人的恻隐之心的天性,甚至助长自私自利以及推诿扯皮。在实际工作生活中,许多人将自己或他人的不端行为归咎于现行制度,“百恶皆因制度劣”,这种例子可谓俯拾皆是。很多人推卸了本该属于自己的责任,抛却了孔子所强调的君子人格,堕入精神侏儒的行列而不自知。

五、“官德下滑”引发道德滑坡

改革开放以来,尤其是在市场经济迅速发展的大背景下,追求利润最大化的负面效应越发在社会生活中反映出来。由此引发的漏洞,令某些掌权者的不法之手有了欲望攀升的空间。必须承认,领导干部所应体现的道德(官德)的重要性在现代社会中愈发凸显,往往成为社会和公众的表率,起到风向标的作用,引领社会道德的提升。但是,个别领导干部的形式主义、官僚作风对社会产生一定程度的负面影响，甚至在特定领域影响了清明的政治生态，造成社会资源浪费和分配不均，滋生倦怠之风和官僚之风。甚至个别违法乱纪的领导干部严重损害政府公信力，对社会产生消极影响，进而上行下效，引发道德滑坡。

六、行善者得不到足够激励

现实生活中，行善者有的得不到受助者的感恩，有的得到嘉奖后遭受贪图名利的质疑。究其原因，主要在两个方面。

一是先贤们设定的道德体系原本就存在难以逾越的障碍和瓶颈。依照先贤们的思想和设计，社会关系基于血缘，血缘越近，关系越密切，在此基础上形成的道德便是"五伦"道德，也就是"熟人道德"。即便是超出了血缘关系，还有乡邻、同门、战友……这种道德注定行近拒远。所以，当道德行为诉诸毫无关系的人，其他不熟悉的人便容易浮想联翩，怀疑其动机。

二是现行的道德与功利关系的处理方式也存在质疑的缘由和空间。改革开放后，精神奖励向物质奖励倾斜本来无可非议，但久而久之，行道德必得利益越来越成为人们的共识，并且越来越趋向于精神物质双丰收。如此，人们很难不从结果倒推。可悲的是，社会上又的确出现了大量"双重人格"或道德"两面人"。如此一来，品德高尚者也不能"独善其身"了。

而现实社会中，一方面，经济竞争的加剧使人与人之间的关系疏远。在市场经济条件下，激烈的竞争渗透到社会生活的各个方面，带来了收入水平的差距，再加上部分人下岗失业的沉重压力，人与人之间的心理距离进一步扩大，互助行为减少。此外，"英雄流血又流泪"的社会现象不断出现，进一步加剧了人与人之间的距离感和不信任感。许多人认为，对抗不公正和做一件好事可能会让行为者陷入麻烦，而据社会经验得出结论：行动少比行动多好。随着时间的推移，很多人似乎默认并接受了这一原则，并提醒亲戚朋友"管好自己的事，少管闲事，省得麻烦"。

另一方面，不健全的道德奖励机制是造成道德冷漠的重要原因。道德奖励是道德行为人在履行道德义务后，从社会组织和他人那里得到的奖励。没有无义务的权利，也没有无权利的义务。物质奖励和精神奖励能够充分调动社会成员的道德责任热情，增强社会成员的道德责任幸福感。当道德主体在维护正义并奉献之后没有得到应有的回报时，找寻正义的积极性就会受到打击。例如，在一些救助溺水者案例中，一些得到营救的人并没有表现出感恩，见义勇为者将自己的生命置于危险境地，换来的却是受助者的冷淡，这令施救者倍感心寒。因此，建立行善激励机制显得尤为必要。

七、媒体夸大渲染道德危机

顾城说道："黑夜给了我黑色的眼睛，我却用它寻找光明。"[①]不可否认，当今的道德状况并不能让人满意，总有人痛惜身边存在"道德的黑夜"。绝大多数人对社会道德的判断来自媒体，媒体对于坏消息的追逐一定程度上绑架了公众的道德判断。特别是一些负面新闻的堆积与连环报道，引发网民的碎片化的揣测和差评，总是一层层剥离人性的阴暗面，透视出好事者的冷漠旁观或者缺乏是非评判能力。学者韩浩月认为，大而化之的道德批判很容易让人忽略具体责任人的过错，而把单一事故的责任推卸给业已形成的社会弊病。按压社会肌体的脓疮的确会带来痛感与反思，但事实上，个别负面的揣测和负能量事件不会影响绝大多数人内心深处对良心正义的追求，因为社会走向进步，必然会使人文关怀深入每个领域，向阳而生的人类正义才是主流。

八、泛道德化，忽视家长的责任

所谓"泛道德化"，是指将道德意识无限扩张，以至越位侵犯文化、社会生活的其他领域，如政治、经济、文学、艺术等，充当主宰，强迫其他领域降于次要从属的地位，最终将其他各种文化表现统统变为服务于道德和表达道德的工具。很多家长由于自身忙碌，无暇顾及子女的人格培养，要么寄希望于学校，要么追责他人品性不端或者社会风气不良，而忽视和遗忘了作为家长的责任。很多家长自身的知识储备和为人修养欠缺，甚至是缺乏起码的价值观和是非判断能力，起到的是"言传身教"的反面作用。在教育领域，家庭对子女的伦理教育往往让位于学校教育，高分低能、情商低下、精致利己主义、人格缺陷等教育失败案例，也预示着类似的主体势必带来个人生活以及社会生活的隐患。

在 2021 年全国"两会"上，关于父母"持证上岗"的建议再度引起关注。养育生命、将孩子培养成人，可以说是这个世界上最为重要和艰巨的工作。家长一方面要尊重孩子的独立自主性，给他们充分的成长空间；另一方面也要尽到为人父母的责任和本分，绝不能对孩子放任自流，或者把教育孩子的责任完全推给学校。

---

① 顾城：《顾城精选集》，北京燕山出版社 2006 年版，第 116 页。

身教重于言传，家长要做孩子的表率和榜样。身为家长，不能降低对自己的要求，要时时省察自己的一言一行给孩子带来的影响。父母关系、家庭氛围、父母的心理健康状况及为人处世的态度等，都对孩子有着潜移默化的影响。家长身教的示范作用是别的教育无法替代的，家庭环境的教育也是别的环境无法替代的。仅对孩子说教往往没有效果，行胜于言，家长用自己的行为给孩子作出榜样才是最好的家教。

九、公民精神培育力量不足

小悦悦事件缘何发生？事件背后深藏着怎样的社会背景和公众心理？公民承担社会责任，既是天然的义务，同时也是满足其功利主义心态的必然要求。榜样不能成为当下中国社会仅有的道德资源，只有社会成员彼此互动，只有对不幸者施以关怀，个人的遭遇才不会只是引发冷漠围观，社会成员之间才能建立互信，美德才能持续。而现实社会中，无论是历史上还是现在，公民精神的培育缺乏系统化、制度化、机制化等整合。

从主观上看，独立判断力的理性思维有待强化。国民素质的现代化程度是确保一个良性社会遵循健康理性的轨道向前迈进的关键。而现代公民精神培育的重点应该是理性思维、独立判断力、开放的格局视野、健全的心理素质、独立完整的人格以及社会责任与担当。

中国有个成语，叫"上善若水"，意指具有完美道德的人就像水一样，泽万物而不争名利，具有宽厚、包容、谦卑的高尚品德。中国人自古以来具有高度的上进心。"上"和"善"音相近，道德修养是做人的根本，多做善事，多积德，这也是东方智慧的体现。儒家思想中的仁爱教育、人际相处的智慧以及注重个人反省的价值观等，仍然可以适应于社区文化的兴建。孟子在描述其理想的社会时说："老吾老以及人之老，幼吾幼以及人之幼。"(《孟子·梁惠王上》)这与大同世界的理想——"人不独亲其亲，不独子其子，使老有所终、壮有所用、幼有所长、鳏寡孤独废疾者皆有所养"(《礼记·礼运》)，是一脉相承的。这无疑体现了中华民族一贯的博爱思想，理应发扬光大，特别是在社区文化的兴建中，可以借鉴传统文化的博爱精髓。

十、"社群建设"不足导致人心冷漠

以国外的一个"社群建设"的为例。2008 年 5 月 30 日，美国康涅狄格州的

78岁的老汉托里斯被撞，路人见死不救。案件发生后，当地成立了两个全新的组织——“哈特福德犯罪阻止者”和“哈特福德关爱者”。“哈特福德关爱者”是一个公益性质的组织，旨在增进当地居民之间的联系、沟通，增强责任感。我们也应该考虑如何破除冷漠，加强社群建设，加强每个公民的责任感，政府、媒体和公民一起努力。社区文化建设可以在潜移默化中塑造社群心理认同，通过群体参与，改善社会风气，提升文明素质。

道德滑坡、堕落甚至沦丧，的确可以解释社会中某些令人不齿的行为，但是这也恰恰说明，要想避免这些违法、缺乏人性的冷漠行为，并不能仅依靠严酷立法或者舆论审判。我们急需的是整个社会风气与和谐人际关系由上至下的好转，使人与人之间的互动关系能够有一种社区的亲切感，而不是人口频繁流动带来的陌生感与不负责任感。社群建设巩固了群体的社会文化认同，价值观的同一性架构会增强归属感，在很大程度上能够抵制道德冷漠。在关怀主题下，社群建设增强了集体的归属感和责任感。

第四节　新时代重申人文关怀的必要性

近年来，社会道德伦理危机所产生的问题引发诸多学者的关注。这些论题对改造社会、促进道德建设，具有丰富的现实意义。笔者也希望与学界同人加深研究，为社会道德风气的改善、国民综合道德伦理素质的提高，提出行之有效的合理化建议。笔者认为必须找到道德伦理学研究的一个关键突破口，那就是针对老人倒地无人扶这一冷漠现象，以批判式思维来反思这种现象形成的历史与现实原因。发挥中国传统文化中的思想精华——儒家伦理价值的作用，重塑以人文关怀为主题的关怀文化。

面对道德滑坡的现实，更多有良知的国人正在为重建道德作出不懈的努力，为社会送温暖，将人文关怀的主题演绎到生活的方方面面。例如，“雷锋传人郭明义发动百万微博粉丝爱心接力救产妇”的故事传遍大江南北，还有“最美妈妈”吴菊萍、“守墓老兵”欧兴田、“最美婆婆”陈贤妹等人，以实际行动回应见死不救的冷漠，诠释道德与人性的力量，承载国人内心向善的渴望。

黑格尔认为，一个民族有一些关注天空的人，他们才有希望；一个民族只是关心脚下的事情，那是没有未来的。真正的大学不在高楼大厦，不在权威讲坛，而在每个有灵魂的生命里。独立的思考、自由的表达,就是超越的对话与交流,形成一种学术氛围,一步一步扩散,把越来越多的人包裹在其中,真正的大学便形成了,很快就会生成一场文化运动,就会出现一批真正有智慧的精英,整个国家就有了希望。他的哲学启发了知识分子对社会责任的理解,使知识精英的理性价值得到重申,也意味着精神自由的思想与人文关怀的责任融合为一体。

人与人之间相互关爱,构成了人文关怀的最简单、最朴实的情感基础。否则,人的社会性不但不是温暖情义,反而成为物欲横流、金钱至上的污浊笼罩下的牢笼。马克思主义的关于人的自身的全面发展离不开良性社会的发展条件。只有保障社会的良性动态发展,人类自身的发展才能走上正轨。

“人文关怀”这个主题在任何时期都要强力倡导,因为这是社会萌生温暖的条件,也是社会道德建设的基础。无论古代还是近现代乃至新时代,无论东方还是西方,人文关怀都能令我们审视人类自身,它像一盏明灯指引着现代文明的正确方向。

西方社会慈善业和社会工作的发展也是基于人文关怀,并与呼唤公平正义的人本主义相伴相随。热心公益事业的人获得的最大收益是精神上的极大快乐与满足。这种幸福感的递增是呈几何级的,所以愈来愈多的人参与到慈善公益事业中,乐此不疲。

党的二十大强调增强人民的获得感、幸福感和安全感,稳定而有质量的就业、健全的社会保障和得到维护的社会公平正义是实现这一目标的重要途径。物质文明和精神文明是不可或缺的两翼,而国民的伦理建设的两翼——伦理教化和道德教育也是正义之鸟腾飞的双翼。这只正义之鸟腾飞的方向是人性深处唤醒良知的人文关怀,在探索重寻“仁者爱人”的儒家关怀中,继承和弘扬了优秀传统思想的精华,并契合了现代人文关怀,不断凝练、萃取和升华,在潜移默化的过程中,润物细无声地实现伦理教化;与此同时,人文关怀主题下的道德教育也会迎来生机。

从伦理学角度看,冷漠心理症结本质上是一种行为主体处于畸变状态的道德心理和道德行为。在现实生活中,主要表现为行为主体对道德持冷漠、怀疑、漠视的态度,以及对道德义务的拒斥、逃避和推卸等消极性道德心理和道德行为。所以,应当对这种症结进行剖析并力求寻找矫治冷漠文化的可行性途径,培养道德责任感,健全道德人格。重思儒家伦理中“仁”的核心价值观,可以使普遍伦理规范获得民众的广泛认同和支持,最终使之内化为个体的道德人格。

道义上的善,正是社会维系和谐人际关系的唯一亮光,也只有借助这样的道德力量,整个社会才能积聚完善制度、规范行为的力量,对冷漠、自私予以道德谴责、鞭笞,形成一种积极向上的舆论,提升国人的道德情操。

第五节 解读儒家关怀的"仁"字核心

中国文化理念中有三种意识:一是以自我为中心,顺着本能的需要,表现为生存与发展;二是注意自我与他人的互动,讲究礼法与情义;三是超越自我,走向无私与至善。这些思想都值得深思,特别是针对当今社会的道德盲点,仍然可以从中华优秀传统文化思想中探寻真理并找到其熠熠生辉的当代价值。

儒学是说明宇宙与人性之间关系的哲学。儒家关怀最大的智慧在于"仁"。宇宙万事万物,各有不同本性,而在不同之中却蕴含通性——"仁"。"仁"是人所固有的,也是万物所固有,"仁"不是固定的德目纲常,而是人内心深处道德的根本。人道价值的长久,恰恰在于追求仁才可以通天道和地道,始终位于核心的地位。推崇热爱公平正义的人们需要寻求救赎之道,对传统文化中伦理思想精髓进行重新思考,特别是对儒家伦理"仁"字核心价值观进行重新解读。

"仁"的实现首要的步骤是保持理性。为什么要保持理性呢?因为人类出于本性不仅自然地把自己放在第一位,而且为了逃避痛苦或者追求利益最大化,常常不自觉地撒谎。因此,以"诚""礼"的形式来告诫自己保持理性是传统道德思想在生活实践上的特征。

孔子思想体系中"仁"这一重要概念的内涵是极为丰富的,有内在的如何达到"仁"的境界,有外在的实现"仁"的方式方法;小到个人理想人格的培养,大到治理国家的理想社会行为,它是一个具有深刻内涵,包括个体及群体生活在内的思想和行为各方面的理想人格修养体系。正是以这种对人的社会本质的自觉为人性论前提,儒家建构起以"仁"为核心的道德规范体系。孔子认为:"志士仁人,无求生以害仁,有杀身以成仁。"(《论语·卫灵公》)

孔子把"仁"当作最高道德原则,主旨是"爱人",即把人的生命看成至高无上的,要爱护他人,同情他人,帮助他人。"仁"是关于人我关系的准则,"仁"的出发点是承认别人也是人,别人是与自己一样的人。孔子曰:"爱人者则人爱之,恶人者则人恶之,知得之己者,亦知得之人。所谓不出于环堵之室而知天下者，知反之己者也。”(《说苑·政理》)金文“仁”从“人”从“二”，指人与人的关系。儒家还把“仁”当作人生追求的最高理想和价值。“仁”与“礼”也是统一的，“仁”是内心的德性，“礼”是外在的规范；“礼”是“仁”的行动规范，“仁”是“礼”的品德表现。这就是重视道德情操与道德规范的统一，而“仁”贯穿于一切的伦理道德原则和规范之中。

仁义为先，义中生利。仁、义是朱熹伦理精神中的两个重要范畴。仁是朱熹伦理精神的核心和根本，它有着广泛的内涵。仁包四端：恻隐、是非、羞恶、辞让，有仁才能知是非，知廉耻，知从善去恶。仁和很多人性道德之间都有密切的联系。如仁与爱之间，仁就是爱。仁和爱的关系是根与苗、体与用的关系。仁与公之间，仁是根本，公是仁的外在表现，“惟仁，然后能公”，“公而无私便是仁”，“私欲净尽，天理流行，便是仁”，“仁则公”，“不仁则是私意，故变诈百出而不一也”(《论语集注》)。总之，仁是人性美德的源泉，有了仁才有爱，才能公正无私，公平正义。“义者，天理之所宜。”“凡事皆有一个合宜底道理，须是见得分明，虽毫发不差，然后得是当。”(《朱子语类》)君子见得这事合当如此，那事合当如彼，便裁处其宜而为之，则何不利之有？义者，就是按天下正理之所在来处理周边事物，也就是公平而妥当、无偏无颇地处理外界事务。仁义是人性道德的前提，没有仁义之德的人如同禽兽，不能成为人，而做人的首要前提是为人处事处处以仁义为先。①

文化是沿袭历史的，对儒家传统文化的反思与借鉴随之成为当代学人的历史使命。不可否认，儒家文化思想仍在现代社会中发挥着无可替代的作用，是维系个体、家庭、社区、组织和国家和谐关系的文化、心理纽带。可以说，现代儒家思想是入世的、重实践的“公民儒学”②。

仁、义、礼是儒家伦理道德体系中的三种基本美德，其下的孝、恭、诚等美德子目成为人们行为的基本伦理规范标准。

儒家思想的深层文化结构功能有两个方面。一是形成群体一致的、共享的价值规范概念。如“天人合一”的哲学思维(“天人之际，合二为一”)，以仁、德为本的政治理念(“仁者爱人”“为政以德，譬如北辰，居其所而众星共之”)，经世致用的入世情怀(“心正而后身修，身修而后家齐，家齐而后国治，国治而后天下平”)，积极进取的生活态度(“天行健，君子以自强不息”)等。这些思想对陷于

① 参见龙念主编：《朱子学说与社会和谐》，黄山书社2005年版，第176～177页。

② 林安梧：《孔子思想与公民儒学》，《文史哲》2011年第6期。

价值迷思的现代工业社会具有启发和借鉴意义。

二是形成个体主观经验，调控人的行为。从个人品德修养看，有“静而后能安，安而后能虑，虑而后能得”，“善养吾浩然之气”，“吾日三省吾身”等。从家庭伦理看，有“父慈、子孝、兄友、弟悌、夫义、妇顺”等。从社会交往看，有“非礼勿视，非礼勿听，非礼勿言，非礼勿动”，凡事要有尺度，言行举止要有“礼”，“怀仁义以相接”，“与人为善”，“人而无信，不知其可也”，“诚者，天之道，思诚者，人之道”等。

人际交往应该怀仁义之心，双方共同遵守善，遵守诚信之道。《孔子家语》中有言：“言必诚信，行必忠正。”《荀子》中“君子养心，莫善于诚”强调的“诚”是正直的源头活水。近代大师林语堂曾谓“正直自持，则外邪不能侵”，意指人的品德的“淬炼成金”离不开正直与诚信，以摒弃利欲，抵制贪念。

第六节　儒家关怀的当代价值

儒家关怀凸显的“仁”字核心价值观，至少能从三方面照亮当代现实社会道德的盲点。

一、换位思考

为“仁”的方法很多，要求也很高，但有其最为基本的方法。孔子强调的“夫仁者，己欲立而立人，己欲达而达人。能近取譬，可谓仁之方也已”（《论语·雍也》），“己所不欲，勿施于人”（《论语·颜渊》），就是最基本的为“仁”之方。

从伦理学分析，“立己立人”“达己达人”“己所不欲，勿施于人”属于换位思维，它反映了伦理道德的最基本的原则。换位思维就是主体在社会实践的基础上，把思考问题的立场和出发点从主体自身转换到客体或主客体之外，以对方或旁观者的角度来认识和体验主体、客体及其相互关系的一种思维方式，有助于理解、洞察他人的内部状态，便于人际交往和沟通。

我们要继承传统文化中的“仁爱”“孝悌”思想，倡导和谐友善的人际关系。孔子认为爱虽有差等，但更要博施于人，推崇“泛爱众”，具体要做到“己欲立而立人，己欲达而达人”“己所不欲，勿施于人”。孟子将爱有差等与“泛爱众”结合起来，主张“老吾老以及人之老，幼吾幼以及人之幼”。同时，儒家以“仁爱”处理家庭成员的关系，将“孝悌”作为家庭和谐的重要因素，主张“孝悌也者，其为仁之本与”(《论语·学而》)，将“孝悌”作为“仁”的根本。孝在中国道德中被作为百善之首，是子女对父母的敬顺。儒家将孝道提高到各种道德规范的根本地位，从侍奉父母到治国安邦都离不开孝。孔子所言“今之孝者，是谓能养”(《论语·为政》)，说的就是要赡养父母。孟子所言“惰其四支，不顾父母之养，一不孝也；博弈好饮酒，不顾父母之养，二不孝也；好货财，私妻子，不顾父母之养，三不孝也；从耳目之欲，以为父母戮，四不孝也；好勇斗很，以危父母，五不孝也”(《孟子·离娄下》)，说的是不做有损父母所给予的躯体的事是孝敬父母的具体体现。“悌”主要指尊敬兄长。这些思想表明“仁爱”不仅是推己及人的利他风尚和助人为善的精神，也是一种道德义务和责任。

从“仁爱”思想出发，中国传统文化主张“以和为贵”的和谐思想，追求天人和谐、人际和谐、身心和谐。在这一点上，儒家与道家、佛教有相似的理念。儒家强调天人和谐，天人合一。儒家思想的核心是“仁”字，道家的核心是“妙”字，佛教的核心是“圆”字，都是追求至高境界。

二、凭良心做事

儒家思想以“仁”为核心，是因为儒家以“仁”为人的本性。孟子认为：“仁也者，人也。”(《孟子·尽心下》)儒家认为“天地间人为贵”，“天地之性人为贵”。而人之所以“贵”，是因为凭良心做事。因此，一个人是否具有人性，是“人”不是“人”，就看他是否有“爱心”，是否讲良心，这是做人的基本要求。

良心的本性是对责任行为的自我检查、预测、调节和审判。若行善，良心上就感到满足、愉悦、放心、宽慰；反之，行恶就会感到内疚、自尊心受损，惶惶不可终日，无脸面见人。孟子说：“耻之于人大矣；为机变之巧者，无所用耻焉。不耻不若人，何若人有?”“人不可以无耻；无耻之耻，无耻矣。”(《孟子·尽心上》)一个人如果没有仁义道德，没有良心，那他尽管有人的躯体，实际上却失去了人的本性。

孟子的“人性向善”的含义中，怜悯心是仁德的开端，羞耻心是义行的开端，辞让心是守礼的开端，是非心是明智的开端。而没有怜悯心、羞耻心、辞让心和是非心的就不是人。孟子坚定地认为，人性是一种趋向，是开放的、动态的。趋向什么呢？趋向于“善行”，善之动力与要求来自上面所言的“四种心”。如果一个人自然发展，他就像水往下流，一定行善。不过，当外界影响很强时，人就为恶了。

三、义利观的正确辨识

孔子提出了“见利思义”的命题——“君子喻于义，小人喻于利”，并把它作为区分君子与小人的标准之一，认为君子应该做到“以义为上”。孟子要求人们“先义而后利”，旨在培养一种“配义与道”的浩然正气。荀子指出：“先义而后利者荣，先利而后义者辱。”（《荀子·荣辱》）宋明理学家将“义利观”和“公私观”联系在一起，一方面强调“正其义而不谋其利”；另一方面又认为“正其义而利自在，明其道而功自在”，得出了“利在义中”“义在利中”的结论。

儒家把仁义道德看作比衣食、富贵、功名甚至生命都重要的东西，主张个人在义与利之间的选择上，首先要考虑道德的要求，把“义”放在首位。孔子说：“君子谋道不谋食，忧道不忧贫”（《论语·卫灵公》），“士志于道，而耻恶衣恶食者，未足与议也”（《论语·里仁》）。合于道义的富贵、安逸是可取的，否则，就算是“饭疏食，饮水，曲肱而枕之，乐亦在其中矣”（《论语·述而》）。孟子也说：“穷不失义，达不离道。”（《孟子·尽心上》）“鱼，我所欲也；熊掌，亦我所欲也。二者不可得兼，舍鱼而取熊掌者也。生，亦我所欲也；义，亦我所欲也。二者不可得兼，舍生而取义者也。”（《孟子·告子上》）

一方面，要重视道德的引导。孔子说：“道之以政，齐之以刑，民免而无耻；道之以德，齐之以礼，有耻且格。”（《论语·为政》）有道德良心，明是非，知丑恶，是作为一个“道德人”的自觉。另一方面，要大力加强法治。荀子说：“今人之性，生而有好利焉，顺是，故争夺生而辞让亡焉；生而有疾恶焉，顺是，故残贼生而忠信亡焉；生而有耳目之欲，有好声色焉，顺是，故淫乱生而礼义文理亡焉。然则从人之性，顺人之情，必出于争夺，合于犯分乱理而归于暴。故必将有师法之化，礼义之道，然后出于辞让，合于文理，而归于治。”（《荀子·性恶》）

以上是儒家伦理“仁”字核心价值观给予我们的智慧，也是解开冷漠文化症结的第一步。儒家伦理价值观对当代社会道德有着重要的启示，从中也可看到其“仁”字思想的精华和闪光点，其当代价值依然是值得肯定的。

每天反复做的事情造就了我们，
然后你会发现，
优秀不是一种行为，而是一种习惯。

——亚里士多德

第四章　传统人文关怀与现代人文关怀契合下的升华——正能量

西方最早在柏拉图时代就创立了“学院”(Academy)，学院的作用是什么呢？西方人认为，看得见、摸得着的东西并不是最重要的，它背后有一个抽象的能够用数学、逻辑、语言精确表达的逻各斯，用简单的话来概括，即一种规律、一种规则，那才是万物的根本。只要把握了这个逻各斯，把握了万物的规律，就把握了万物。

这与其他思想不同，尤其与中国人注重直觉与感性思维不同。儒家的伦理最终落实到人际关系的现实生活中，孔子从来不避讳人性，直面人性的深处。中国的古代农业文化也凸显出中国人注重直觉、感性，我们在人和对象之间建立一种生动的、感性的、直觉的关系，这是中国人的思维特点。

特别是在中国的历史长河中，儒家关怀与现代人文关怀契合得天衣无缝。凝练在中国精神与时代光辉中的人文精神的光芒总是无法遮挡，智慧与爱的价值是无可估量的，在独特的东方文化中大放异彩。

传统儒家关怀与现代人文关怀契合下的传承向度有待百年未有之大变局的时代映衬下的审时度势，有待国民整体道德伦理素养提升的机遇把握。传统人文关怀与现代人文关怀契合下的传承与升华，集中表现在以下几个方面：情系家国，心存仁义；一腔热血，社会担当；忠于理想，人道情怀；清醒理性，严于自律；包容大度，格局并蓄；平等正义，智慧通达；命运共担，王道天下；知行合一，和谐共生。

第一节 情系家国，心存仁义

儒家很早就把“天下为公”作为社会的最高理想，提出了“大同”思想：“大道之行也，天下为公，选贤与能，讲信修睦，故人不独亲其亲，不独子其子，使老有所终、壮有所用、幼有所长、鳏寡孤独废疾者皆有所养……是谓大同。”（《礼记·礼运》）通过培养“公”的精神，从而强化对国家、民族、社会的义务感和使命感，先公后私。朱熹说：“凡一事便有两端，是底即天理之公，非底乃人欲之私。”（《朱子语类》）“公”的核心就是去私欲，“背私之谓公”，即克制一己之私欲、私利，舍弃甚至超越自我，服从群体的最高利益，由此形成了“先天下之忧而忧，后天下之乐而乐”的价值取向。在把人的本质归于社会性这一点上，朱熹与当代中国倡导的为人民服务、集体主义、爱国主义的唯物史观前提——人是一切社会关系的总和——相一致。

自古以来，中国社会就十分注重家国情怀的培养。在这种传统文化的影响下，霍去病曾言“匈奴未灭，无以家为”；杜甫诗称“烽火连三月，家书抵万金”；陆游去世前告诫儿子“王师北定中原日，家祭无忘告乃翁”；于谦以诗言志“一寸丹心图报国，两行清泪为思亲”；顾宪成主张“风声雨声读书声声声入耳，家事国事天下事事事关心”；顾炎武提出“天下兴亡，匹夫有责”；周恩来立下“为中华之崛起而读书”的壮志；等等。由此可见，家国情怀深植于中国人心田，岁月深长，情感深邃。家国情怀早已沉淀为中华儿女的内在品格，成为中华优秀传统文化的宝贵财富。千百年来，中华民族之所以能够历经磨难而不衰、饱尝艰辛而不屈，尤其近代以来，实现民族复兴之所以成为中华民族伟大的梦想，就是因为根植于民族文化血脉深处的家国情怀。

家一般是指家乡、家庭、家属，“国”特指国家、国民、民族。家国情怀是指人对家和国的基本态度、观念、方法和感情，以及在处理二者关系时合乎情、理、法的人生态度、理想信念与崇高品格。家是人生开始的地方，国是人生理想的源泉。家是国的基础，国是家的延伸。家是最小国，国是千万家。在中国人的精神谱系里，国家与家庭、社会和个人都是密不可分的整体。一方面，千家万户都好，国家才能好，民族才能好。另一方面，国家好，民族好，家庭才能好。家国情怀是中华文明长期发展孕育的产物，是中国优秀传统文化的核心理念之一，是中华儿女国家认同、民族认同、文化认同的情感基础，也是实现中华民族伟大复兴的精神动力。上下五千年岁月悠悠，因为有一代又一代有担当、有家国天下情怀的中华儿女，伟大的祖国才能发展至今。源远流长的家国文化影响了一代又一代人，在中华文化和历史深处，处处彰显着中华文明对于家的坚守、国的热爱。“家”与“国”二字的组合，彰显了中国人家国情怀的文化基因。在中国人的思想观念里，国成为家的延伸，家是国的细胞，个体幸福带来群体的强大，没有国的强盛就没有家的稳固。历史表明，只有将个人成长寓于家国情怀之中，个人才能得到超越自我的成长。

孙中山先生是一位伟大的历史人物，他既具有胸怀天下的政治品格，又有处理家国关系的政治智慧，以及讲情、崇理、尚法的个人素养。面向未来，他的家国情怀闪现着穿越时空的光芒，不但值得我们认真总结，而且值得我们学习。孙中山的家国情怀，具体表现为热诚爱国、眷恋家庭、孝敬父母、尊敬兄长、关爱儿女，珍惜自己的家庭和人民在国家中的主人翁地位，并不遗余力地倡导、践行“天下为公”的理念。这一胸怀天下、忧国不忘家的家国情怀，在其去世前的三份遗嘱中有具体表现，一份为《国事遗嘱》，谈国家的伟大事业；一份为《家事遗嘱》，是给家人的；还有一份为《致苏联政府遗书》。习近平总书记在纪念孙中山先生诞辰 150 周年大会上，用三个“伟大”评价孙中山先生：伟大的民族英雄、伟大的爱国主义者、中国民主革命的伟大先驱。①

家国情怀，不仅传承自古以来自强不息、厚德载物的精神追求和天下兴亡、匹夫有责的责任意识，还蕴含了对中国道路、理论、制度、文化的自信，对中华民族复兴使命的自觉担当，对建设中国特色社会主义现代化强国的有力作为。百年未有之大变局和国家民族发展的宏伟目标要求我们必须清醒地把握人类历史发展方向和世界发展大势，认清中国的历史方位和世界作用，砥砺家国情怀，激发使命担当，奋力实现国家富强、民族振兴、人民幸福。一个人如果把自己的追求和家庭的兴旺联系在一起，他的成长就会稳健而踏实；和国家的兴衰联系在一起，他就会从巨大的责任感之中获得强烈的使命感。

“时代楷模”王继才，生前是江苏省灌云县开山岛民兵哨所所长。开山岛位于我国黄海前哨，面积只有两个足球场大，战略位置十分重要。1985 年部队撤

① 参见习近平：《在纪念孙中山先生诞辰 150 周年大会上的讲话》，人民出版社 2016 年版，第 1 页。

编后，设立民兵哨所，但因条件艰苦，先后上岛的10多位民兵都不愿长期值守。1986年，26岁的王继才接受了守岛任务，从此与妻子以海岛为家，与孤独相伴，在没水没电、植物都难以存活的孤岛上默默坚守，把青春年华全部献给了祖国的海防事业。2014年，中宣部授予王继才夫妇"时代楷模"荣誉称号。2018年7月27日，王继才在执勤时突发疾病，经抢救无效去世，年仅58岁。"开山岛虽小，也是祖国的领土，也要让国旗永远在岛上高高飘扬。"王继才的一生，是充盈家国情怀的一生。三十二年如一日的坚守，守护的不仅是孤岛的方寸之地、自我的执着之心，更是王继才一腔博大的家国情怀。英雄已逝，但如今开山岛上那高高飘扬的五星红旗却是一种至高无上的荣耀。王继才只是这个时代的一个缩影，有无数个"王继才"在祖国的各个角落发挥着自己的光和热。他们舍小家为国家，毅然把青春和热血献给祖国和人民。这种公而忘私、胸怀大爱，是给新时代最好的"注释"。

2018年10月以来，一个英雄故事在云岭大地广为传颂。杜富国，贵州省遵义市湄潭县人。1991年11月出生，2010年12月入伍，2016年11月入党。排雷兵，是最危险的兵种之一，但他无怨无悔地忠诚于自己的使命。在他当排雷兵的几年间，参与了1000多次排雷任务，排除了2400多颗地雷，并多次获得部队的嘉奖。一次排雷任务中，为了保护其他的战友，他倒在血泊中，生命虽得以保住，但失去了双手、双眼。他的英雄事迹慢慢地被更多的人熟知，人们都记住了这个舍生取义的中国军人。杜富国成为这个时代青年们的榜样，是这个时代的英雄。

2019年2月3日，习近平总书记在春节团拜会上发表重要讲话，号召在全社会大力弘扬家国情怀："没有国家繁荣发展，就没有家庭幸福美满。同样，没有千千万万家庭幸福美满，就没有国家繁荣发展。我们要在全社会大力弘扬家国情怀……让每个人、每个家庭都为中华民族大家庭作出贡献。"①

中华民族具有坚忍不拔、顽强拼搏的精神品格。在任何磨难面前，中国人民都不会畏惧退缩，而是能迸发出惊人的精神力量，负重前行，攻坚克难，在磨难中成长，从磨难中奋起。

在长期的历史发展中，中国人民培育了深厚的家国情怀，这种家国情怀已深深融入中华民族的血脉，形成了以爱国主义为核心的民族精神。在抗击新冠疫情中，爱国主义成为凝聚力量的鲜明标识。14亿多中国人民在中国共产党的

① 习近平：《在2019年春节团拜会上的讲话》，《人民日报》2019年2月4日。

带领下，团结起来共同行动。从医务工作者到社区工作者，从公安民警到基层干部，从快递人员到志愿者，都自觉投入疫情防控中。全体中国人民拧成一股绳，守望相助、共克时艰，构筑起一道道抗击疫情的防线，打通一条条拯救生命的通道。面对危机，中国人民团结一致、众志成城；为战胜疫病，中国人民选择顾全大局、主动担当；为守护生命，中国人民选择牺牲奉献、英勇无畏。这些都是对以爱国主义为核心的民族精神的生动诠释。

每个时代都有自己显著的精神标识。改革开放以来形成的以改革创新为核心的时代精神，引领当代中国人不断创造发展奇迹。人类战胜大灾大疫离不开科学发展和技术创新。在抗疫斗争中，改革创新精神是我们与疾病较量的有力武器。在新冠病毒面前，无数科研人员坚守岗位、争分夺秒，开展紧急科研攻关，在很短时间内就取得了积极进展，为疫情防控提供了有力科技支撑。他们拼搏奉献的优良作风、严谨求实的专业精神，为改革创新精神注入新内涵。弘扬改革创新精神，也意味着要直面疫情中暴露出的短板和问题，通过改革补上短板。通过改革创新提高依法防控、依法治理能力，健全国家公共卫生应急管理体系，加快构建关键核心技术攻关新型举国体制，切实提高应对突发重大公共卫生事件的能力和水平，更好维护人民生命安全和身体健康。艰苦卓绝的抗疫斗争，书写了中国精神的时代新篇。历史深刻昭示，越是危难时刻、紧要关头，越要弘扬中国精神。未来一个时期，我们将面对更复杂的逆风逆水的外部环境，国内发展环境经历深刻变化，机遇与挑战并存。抓住机遇、应对挑战，更加需要弘扬中国精神，汲取精神力量，朝着实现中华民族伟大复兴的目标奋勇前进。

从站起来、富起来，再到强起来，这让每一个中国人深深懂得：没有国家繁荣发展，就没有家庭幸福美满。同样，没有千千万万家庭幸福美满，就没有国家繁荣发展。新时代每个人的骨子里、血液中，都应注入一剂强心剂，那就是家国情怀。我们只有把个人追求和国家利益融合在一起、把实现家庭梦融入民族梦之中，积极投身家国建设，做新时代的参与者、建设者、见证者，才能真正成为为幸福而奋斗的筑梦者。只有实现中华民族伟大复兴中国梦，每一个家庭的梦想才有最坚实的依靠。

第二节　一腔热血，社会担当

早在春秋战国时期，孔子、孟子等先哲就表达对担当的认识，提出自己的观点，并为之四处奔走，表现出极高的追求。孔子以天下为己任，崇尚先王之盛世，为此奔走各国以求实现自己的学说。和孔子一样，孟子为推行思想学说和政法方法而周游列国，他说："如欲平治天下，当今之世，舍我其谁也？"（《孟子·公孙丑下》）对于一个人而言，遇到应当承担的事而不去承担，便是无勇的表现。在中国传统社会，这样的人和行为往往为世人所不齿；而勇于担当、坚持忠义的贤士，则为世人所称颂。

古语云：顺境逆境看襟怀，大事难事看担当。南宋末年政治家、文学家，抗元名臣文天祥，就是一位有担当的英雄。1256 年，文天祥中进士第一，成为状元。1275 年，元军南下攻宋，文天祥散尽家财，招募士卒勤王，被任命为浙西、江东制置使兼知平江府，援救常州失败后退守余杭，随后升任右丞相兼枢密使，奉命与元军议和，因面斥元军主帅伯颜被拘留，于押解北上途中逃归。不久后赴南剑州聚兵抗元。1277 年再攻江西，终因势孤力单，败退广东。1278 年年底，文天祥率军在广东五坡岭与元军激战，兵败被俘。次年，他被囚禁于船上经过零丁洋，写下千古名诗《过零丁洋》："辛苦遭逢起一经，干戈寥落四周星。山河破碎风飘絮，身世浮沉雨打萍。惶恐滩头说惶恐，零丁洋里叹零丁。人生自古谁无死？留取丹心照汗青。"文天祥被押至元大都囚禁达 3 年之久，屡经威逼利诱，仍誓死不屈。1283 年 1 月，文天祥从容就义，终年 47 岁。

"担当"一词是指承担、担负责任等，出自《朱子语类》卷八七："岂不可出来为他担当一家事？"学会承担责任，是一个人成长必须要学会的，自己的责任不要指望别人来负担，如果连自己的责任都承担不起，必将失去在世上生存的意义。一个人勇于担当，才算是成熟的开始。担当不是束缚和压力，而是一种动力和方向，让心不再迷茫、不再流浪、不再左顾右盼、不被诱惑，只是朝着一个方向前进。

秋瑾是中国女权和女学思想的倡导者，中国民主革命的重要领导人之一，也是中国近代史上第一位为民主革命而牺牲的女英雄，为辛亥革命作出了巨大贡献。1905 年，秋瑾从日本回国，来到上海挚友吴芝瑛家中，拿出在日本新购的倭刀给朋友看，酒后秋瑾乘兴作诗《对酒》：“不惜千金买宝刀，貂裘换酒也堪豪。一腔热血勤珍重，洒去犹能化碧涛。”这首诗表达了诗人决心为革命奉献一切的豪情壮志，充分表现了诗人的英雄气概。“一腔热血”的意思是满腔为正义事业而献身的热情，出自《明史·于谦传》：“谦性故刚，遇事有不如意，辄拊膺叹曰：‘此一腔热血，竟洒何地！’”苏联作家、坚强的布尔什维克战士、著名的无产阶级作家奥斯特洛夫斯基(Nikolai Ostrovsky)曾说：“共同的事业，共同的斗争，可以使人们产生忍受一切的力量。”

“苟利国家生死以，岂因祸福避趋之。”突如其来的新冠疫情，给中国人民健康和经济社会有序发展造成严重威胁。在疫情面前，没有旁观者，更没有局外人。疫情最严重期间，金银潭医院收治患者最多，作为院长的张定宇既是一名医生，也是一名渐冻症患者。行动不便的他，始终坚守在抗击疫情最前沿，每天要接上千个电话，处理无数突发事件甚至无暇顾及感染新冠病毒的妻子。他说：“心里很内疚，我也许是个好医生，但不是个好丈夫。我们结婚28年了，我也害怕，怕她身体扛不过去，怕失去她！”一天睡眠不到两个小时的张定宇在和病魔争夺时间。“我必须跑得更快，才能跑赢时间，把重要的事情做完；我必须跑得更快，才能从病毒手里，抢回更多的病人。以后我会被固定在轮椅上，我现在为什么不多做一点？”张定宇舍身忘我、无私无畏的爱民情怀，彰显了英雄硬汉形象。

“90后”小伙董保根是云南省腾冲市新华乡派出所一名入警未满两年的民警。疫情来临之时，他义无反顾冲在防控第一线，主动请缨到集中隔离医学观察点执勤。尽管每天需要多次重复去做安保、消毒、取饭和送物等工作，但他激情不减、尽职尽责。面对家人的担忧，他笑着安慰道：“作为一名人民警察，必须迎难而上！”“寸寸山河梦，昭昭赤子心。”没有一个春天不会来临，没有一场战役不会终结。在面对疫情之时，全国各地广大基层干部群众胸怀一腔热血冲锋在前，他们勇敢逆行、战斗一线，力守一方热土；他们勇毅同心、势不可挡，誓护百姓平安。前线有多少屹然挺立的身影，就换来多少家庭的一片安宁，也许他们并不伟大，但是他们的坚守，必将同世人一道汇聚成光照亮前行的路。

“一个人做点好事并不难，难的是一辈子做好事。”经历过军旅生涯的人，不仅会在骨子里刻下军人特有的印记，还常常以特殊的情怀、特殊的方式来纪念“八一”这个特殊的日子。李培芳就是这样一个人。22年来始终坚持无偿献血，除了每年8月1日这个特殊日子无偿献血外，他还多次捐献血小板。尤其是在有危重病人需要时，只要接到电话，他就赶紧奔赴医院献血。李培芳是中共党员，1990 年 12 月入伍，2003 年 4 月退役，现在是湛江第一中学总务处职工。他以一腔热血，一颗丹心，持续 22 年捐血救人，书写了退役军人永葆本色、乐于奉献的新时代生动篇章，是当之无愧的标杆与楷模。

读书通大义，立志冠清流。古往今来，知识分子向来以“士”的情怀自勉自省，浓厚的家国情怀和强烈的社会责任感，展现出中国知识分子的良知与担当。近代中国多灾多难，中国知识分子以其特有的学识、眼光、理性，始终走在中国历史变迁的前列，并主动承担起时代赋予的历史担当。儒家讲修身、齐家、治国、平天下，身处乱世，知识分子或潜心钻研学问，等待时机，或积极入世，经世致用。鸦片战争的炮声开启中国历史“三千年未有之变局”，林则徐、魏源等成为“开眼看世界”和主张“师夷长技”最早的一批人，启迪了人们的思想。第二次鸦片战争后，“师夷长技”成为时代需求，面临内忧外患，曾国藩、李鸿章、左宗棠、张之洞这些从小饱读诗书的知识分子，发动了一场引导中国走向近代化的洋务运动。

世界著名科学家、空气动力学家、中国载人航天奠基人钱学森回国效力，同样展现出中国当代知识分子的良知与担当。1949 年，当中华人民共和国成立的消息传到美国时，钱学森和夫人蒋英便商定早日赶回祖国，为国家效力。此时的美国，以麦卡锡为首，对共产党人实行全面追查，并在全美掀起了一股驱使雇员效忠美国政府的狂热。钱学森因“莫须有”的罪，被美国军事部门突然吊销了参加机密研究的证书。钱学森非常气愤，以此作为要求回国的理由。经过周恩来总理在与美国外交谈判上的不断努力，甚至包括释放 11 名在朝鲜战争中俘获的美军飞行员作为交换，1955 年 8 月 4 日，钱学森收到了美国移民局允许他回国的通知。由于钱学森的回归，中国导弹、原子弹的发射向前推进了至少 20 年。

面对世界百年未有之大变局，面对“四个伟大”（伟大斗争、伟大工程、伟大事业、伟大梦想）的新课题，青年一代更需要有强烈的问题意识，要有敢为天下先的胆识，勇于开拓创新、建功立业，在实现中华民族伟大复兴中国梦的伟大实践中实现自我价值。

第三节　忠于理想，人道情怀

孔子曾说："民无信不立。"（《论语·颜渊》）一个国家最可怕的不是没有兵，没有粮食，而是失去信仰后的崩溃和涣散。从近现代史来看，辛亥革命的果实被袁世凯窃取，"二次革命"失败后，孙中山流亡日本，革命陷于低潮。1913 年，为了激励和鼓励革命志士，孙中山发出《致邓泽如及南洋国民党人函》，其中说道："我辈既以担当中国改革发展为己任，虽石烂海枯，而此身尚存，此心不死。既不可以失败而灰心，亦不能以困难而缩步。精神贯注，猛力向前，应乎世界进步之潮流，合乎善长恶消之天理，则终有最后成功之一日。"

2015 年，中国科学家屠呦呦获诺贝尔生理学或医学奖，这是中国医学界迄今为止获得的最高奖项，也是中医药成果获得的最高奖项。20 世纪六七十年代，在极为艰苦的科研条件下，屠呦呦团队与中国其他机构合作，经过艰苦卓绝的努力，并从《肘后备急方》等中医药古典文献中获取灵感，先驱性地发现了青蒿素的功效，开创了疟疾治疗新方法，全球数亿人因这种"中国神药"而受益。由寄生虫引发的疾病困扰了人类几千年，成为重大的全球性健康问题。屠呦呦团队的这一发现使疟疾患者的死亡率显著降低，在改善人类健康和减少患者病痛方面的成果无法估量。在艰苦的科研条件下能取得如此成绩，恰恰是在于屠呦呦团队对医学科研工作的执着与投入。

"天上地雷公，地下海陆丰。"20 世纪 20 年代，无产阶级革命家彭湃在海陆丰地区建立中国第一个县级苏维埃政权，由他领导的武装部队在此揭竿而起，成为中国农民革命的开山之师、正义之师。敢为天下先的"地下海陆丰"从此名扬四海、载入史册。早在日本留学时，彭湃第一次接触《共产党宣言》，就确立了共产主义信仰。为了改变劳苦大众的命运，彭湃放弃了自己的地主家庭，在一万名农民的见证下，亲手将自家一篮子土地地契全部烧毁，选择走上艰苦卓绝的革命道路，成为家喻户晓的农民革命运动领袖。因为叛徒告密，彭湃不幸被捕，在押往刑场的路上，他还高呼"共产党万岁"，临刑前高唱《国际歌》。在烈士的感召和影响下，他家有六位亲人投身革命，最后均壮烈牺牲。真可谓"碧血丹心傲苍穹，满门忠烈铸英魂"！彭湃的二儿子彭士禄院士，在祖国核动力研究的道路上，也是不计得失、默默无闻、苦苦求索，为祖国的核潜艇事业和核电站建设奉献出全部心血，成为中国核潜艇第一任总设计师。彭士禄经历非常坎坷。彭湃英勇牺牲那一年，年仅 4 岁的彭士禄成了孤儿。尽管那时才 4 岁，他就已成了敌人的“眼中钉”、全国悬赏搜捕的“通缉犯”。年幼的彭士禄被列为“小政治犯”，靠着老百姓的养育和冒死保护，还有民主人士和红军的照顾，一次次从死神手里挣脱。后来在党组织的培育下，他勤奋努力，成为中国核动力研究道路上的“垦荒牛”。他说：“我做的工作虽沧海一粟，但就是要为人民做奉献，默默地、自强不息地去耕耘、开荒、铺路。”2021 年，96 岁高龄的彭士禄躺在病床上，即便插着氧气管，也念念不忘核动力事业。他说：“我爱我的祖国，我爱核事业！”他毕生致力于核动力事业，不求名、不逐利，曾在自述中写道：“如活着能热爱祖国、忠于祖国，为祖国的富强而献身，足矣。”

青年兴则国家兴，青年强则国家强。青年一代有理想、有本领、有担当，国家就有前途，民族就有希望。青年人应该在党的领导下，脚踏实地地做好本职工作，不断践行全心全意为人民服务的宗旨，不断为中华民族的伟大复兴贡献智慧和力量。作为年轻的共产党人，更要坚定自己的理想信念，打好坚实的基础，才能在此基石之上添砖加瓦构筑高楼，而不至于歪歪扭扭，半途垮塌，这样才能做到在纷繁复杂的情况下不迷失方向，不走弯路、不走错路，真真实实地为人民服务，为中华民族的伟大复兴贡献一分力量。党员干部要在政治上、思想上始终同党中央保持高度一致，始终坚定道路自信、理论自信、制度自信、文化自信，始终坚持并贯彻党的各项方针政策，始终坚信中华民族伟大复兴的中国梦定能实现，并甘愿为其添砖加瓦，奉献一切。

人道主义是源于欧洲文艺复兴时期的一种思想，主张人格平等，互相尊重。美国著名导演斯蒂芬·斯皮尔伯格在 1993 年拍摄的轰动世界的《辛德勒名单》，是对二战期间德国纳粹屠杀 600 万犹太人惨剧的回顾，它揭示了一个主题：人类良知在任何恶劣情况下都不会完全泯灭。该影片被评为“一个充满人道主义精神的导演拍摄的充满人道主义情怀的电影”。

中国的人道主义思想源远流长，周代时，已有“惟人，万物之灵”“天地之间，莫贵于人”“人命关天”“仁者莫大于爱人”等思想。孔子说：“仁者爱人。”孟子说：“自反而缩，虽千万人，吾往矣。”(《孟子·公孙丑上》)由此看来，人类一切活动行为及其规范都将在人道主义范畴内进行。

浙江奉化人王正廷，是我国近代著名的外交家、政治家。这位强调以体育“卫国”的传奇人物，是中国有史以来首位国际奥委会委员，把中国体育事业推向国际舞台，被誉为"中国奥运之父"，还被称作中国的"顾拜旦"。当时，中国进入全面抗战阶段，经费严重不足、救护人员缺乏，无不制约着战场救护工作的开展。王正廷率队克服重重困难，开展广泛的战时救护工作，取得了卓有成效的成绩，充分展现了中国人的人道情怀。如今，当世人追忆这位"中国奥运之父"在中国体育事业中的丰功伟绩时，还常常记起他在近代中国的屈辱与磨难中满怀仁心，投身于人道事业，为战时救护工作指路领航！

北洋陆军军医学堂首任校长、马医学堂创始人、被誉为"中国军医之父"的徐华清，也是一位人道情怀浓厚之人。他积极参与战事救护、灾害救助、社会公益等活动，将一生精力都用在了保护生命上，建立了不朽的业绩。1913 年 7 月，"二次革命"爆发，烽烟滚滚。徐华清亲自挂帅，率救护队星夜南下，在宿州、蚌埠等地设临时医院，深入险地，救护伤兵病民，历尽艰苦。北伐战争中，南京是主战场，争战激烈。徐华清率领救护队 30 余人在枪林弹雨中，冒险进入南京城，设临时医院三处，竭诚救护。在长达半年的时间中，共救治受伤民众 3800 余人，救助南京贫儿院儿童 600 余人。

我国稀土技术泰斗徐光宪，其科研成果使中国从稀土大国变成稀土生产应用大国，所引发的"中国冲击"成功改写了国际稀土产业格局。同时，作为教育家，他撰写的重要教材哺育了中国几代化学工作者。当他获得国家最高科技奖，可以支配一笔高达 500 万元的巨额奖金时，他毅然拿出 450 万元用于公益事业。他的人道关怀与无私奉献令人敬佩。

当前，中国正走向世界舞台中央，在国际事务中表现出人道情怀的大国担当，展现了中国政府的人道主义和国际主义精神，得到海内外的广泛赞誉。

从 2020 年 3 月 26 日开始，以沙特为首的多国联军对也门胡塞反政府武装进行轰炸，也门局势极度恶化，外国侨民大量撤离。从 3 月 29 日至 4 月 7 日，中国海军第 19 批亚丁湾护航编队共执行 4 次撤离任务，成功将 629 名中国公民及来自 15 个国家(地区)的 279 名外国公民，从也门安全撤到吉布提，充分展现了中国在关键时刻的人道情怀和大国担当。

第四节　清醒理性，严于自律

儒家思想主张"修身，齐家，治国，平天下"，一个人想要真正在社会上立足，给家人创造更幸福的生活，就必须先从“修身”做起。修身包括两个方面：一是让自己的身体保持良好、健康的状态，二是提升自身道德素质和修养。

修身的一个重要方面就是修养心性，衍生为心性之学。这种学说涵盖忠、孝、仁、义、礼、智、信等学说，核心理念是彰显人之道的主体性，强调道德修为。重视修身养性即注重人之德性培育。在儒家看来，一个合格的人，最大的意义在于德性完善。孔子曰：“德之不修，学之不讲，闻义不能徙，不善不能改，是吾忧也。”(《论语·述而》)即使处于物质生活困顿之际，也不能放弃人之德性操守，这一点比较典型地体现于“孔颜之乐”的追求之中。面对物质资料匮乏的人生逆境，孔子、颜回能够“乐在其中”，“不改其乐”，不因外力所迫而随波逐流，生活落魄，但取财有道；不为富贵而趋炎附势，因为“君子固穷”；四处漂泊，不忘心系苍生；不为所用，却依然自乐。儒家对人格的追求是成圣成贤，道德人格具有差异性和层次性，最基本的分为小人、士、君子和圣人四个层次，其中尤以君子人格最为常见，也就是所说的贤人。圣贤不仅是文化知识的载体，而且也是思想道德文化的承载者，更是垂身示范的道德楷模。个体的道德建设理应从君子型人格的修炼开始，培养君子十德：仁爱、正义、崇高、宽容、诚信、友善、尚武、勤劳、智慧和礼仪。在现代社会中，这十大君子之德仍然不过时。

西方推崇理性精神。理性是指人在正常思维状态下为了获得预期结果，有自信与勇气冷静面对现状，并快速全面了解现实分析出多种可行性方案，再判断出最佳方案且对其有效执行的能力，一般是指人们形成概念、进行判断、分析、综合、比较、推理、计算等方面的能力。理性和感性相对，指按照事物发展的规律来处理问题，不冲动，不凭感觉做事情。

心性修养可以培养行为主体的君子人格。儒家所说的君子的一种明显特质是强烈的自律意识。这种自律意识集中而典型地体现在儒家所说的“慎独”上。所谓“君子必慎其独也”是指“吾日三省吾身”的反省意识。“吾日三省吾身”是《论语·学而》中所载曾子之语。曾子曰：“吾日三省吾身：为人谋而不忠乎？与朋友交而不信乎？传不习乎？”这里的“三”并非具体数字，实言次数之多、频度之高。[①]

自律指遵循法律并以此为基础进行自我约束。孔子主张善于自我反省、惯于自我反省并勇于自我反省的可贵精神，并认为这是君子不可或缺的品质。曾子曰：“有则改之，无则加勉。”此句话的主旨精神不是细数具体事项，而是流露

① 参见(明)王守仁著，吴光等编校：《王阳明全集》，上海古籍出版社2015年版，第22页。

出一种平日惯于进行自觉考问的自律精神，是一种积极主动进行自我检讨的态度。司马牛问孔子何为君子，子曰："内省不疚，夫何忧何惧？"(《论语·颜渊》)意思是，君子常常自省，无愧于自己的良知和德性，还有什么值得畏惧的呢？宋明理学奠基人张载认为，无论尊德性还是道问学都需要自我反省，"今且只将尊德性而道问学为心，日自求于问学者有所背否，于德性有所懈否。"朱熹则将自省看作一种日常工夫。他说："闲居无事，且试自思之。其行事有于所当是而非，当非而是，当好而恶，当恶而好，自察而知之，亦是工夫。"

此外，儒家所主张的反省精神不仅体现在反思己过，也体现在见他人之过而自省。子曰："见贤思齐焉，见不贤而内自省也。"意思是，看到贤人，应该主动向其看齐，看到不贤之人，应该反省自己是否也存在这种毛病。荀子也有类似的观点。他说："见善，修然必以自存也；见不善，愀然必以自省也。善在身，介然必以自好也；不善在身也，菑然必以自恶也。"唐张九龄在《贬韩朝宗洪州刺史制》中说："不能自律，何以正人？"宋苏辙在《西掖告词》中说："朕方以恭俭自居，以法度自律，宜得慎静之吏，以督缮治之功。"明李东阳在《石公墓志铭》中说："虽居官久，家无赢赀，亦以俭自律，不少变。"他们都是自律的典范。

白玉霜是著名评剧表演艺术家，白派艺术创始人，被人称为"评剧皇后"。20世纪30年代，与刘翠霞、爱莲君、喜彩莲并称评剧"四大名旦"。她为了做到自知、自律，不论三伏酷暑还是三九严冬，一有时间就去练功，练嗓子。有人对她说："你已成名了，为什么还这么苦练？"她笑笑说："戏是无止境的。"并且她能虚心听取别人的意见，不管什么人，只要给她指出缺点，她都非常高兴。

周恩来总理也是廉洁奉公、严以律己的典范。新中国成立后，他始终保持战争年代那种艰苦朴素、躬行节俭的作风，相关故事至今仍广为流传，令人难忘。

董必武总是把自己视为人民公仆，以党和人民的"老牛"自勉。他常说："我们的党是为群众利益服务的，如果不为群众服务，还要组织共产党干什么？"他赋诗吟唱："革命原非为个人，支持群众得翻身。"他不仅严以律己，而且对子女及亲友要求也很严格，教育他们正直做人，勤奋学习和工作，决不允许有任何特殊的待遇。新中国成立后，家乡的亲友以为他在北京做了"大官"，便要求他帮忙解决工作、升学问题以及购买拖拉机、钢材等。他一律加以拒绝，并谆谆教育他们："我受党的委托，人民的信任，参加国家领导，是各项政策制定的参加者，也是维护者，决不能利用职权给自己的亲属批物资。""革命不是做官。"1975年，董必武在北京逝世，叶剑英在追悼会上评价他说："董必武同志真正做到了一辈子做好事，不愧为无限忠诚于党和人民的无产阶级革命家。"

第五节　包容大度，格局并蓄

在中国，以广泛深厚的和合文化为基础的追求社会和谐的思想源远流长。老子提出"万物负阴而抱阳，冲气以为和"(《老子》)，认为道蕴含阴阳两个方面，万物都包含着阴阳，阴阳相互作用而构成和。这是宇宙万物的本质，也是天地万物生存的基础。《论语·学而》曰："礼之用，和为贵。"孔子把"和"作为处事、行礼的最高境界。墨子、管子、荀子等先秦诸子也多有关于"和"或"和合"的论述。"和合"概念在先秦时期基本形成，此后中国的原创文化也经过"百家争鸣"，逐渐"和合"形成儒、道两大显学，并且在两汉之际"和合"地接纳了由印度原创的崇尚"因缘和合""圆融无碍"的佛教文化。因缘和合论成为佛教的重要理论，在历史上也产生了重要影响。从此，"和合"概念被中国传统文化的儒、道、佛通用，并成为其概括本身宗旨的核心概念，同时也被其他文化流派的思想家普遍接受并广泛运用。西汉董仲舒为适应"大一统"社会发展的需要，"罢黜百家，独尊儒术"，以儒家思想为本位，兼取道、法、阴阳五行说等各家思想，主张把礼治与法治相结合，明显受到燕齐文化的影响。

钱穆先生说："中国人常抱着一个天人合一的大理想，觉得外面一切异样的新鲜的所见所值，都可融会协调，和凝为一。这是中国文化精神最主要的一个特性。"①"文化中发生冲突，只是一时之变，要求调和，乃是万世之常。"②他认为西方文化似乎冲突性更大，而中国文化则调和力量更强，中国文化的伟大之处，乃在最能调和，使冲突之各方兼容并包，共存并处。"西方人好分，是近他的性之所欲，中国人好合，亦是近他的性之所欲。"③注重和合，是中国文化乃至中国人的特性。

"包容大度"形容心胸开阔，度量大，能容人、容事。坦荡做人，不但要敞开胸怀，还要大肚能容天下事。宽恕意味着理解和通融，能表现出一个人的宽宏

---

① 钱穆：《中国文化史导论》，商务印书馆 1994 年版，第 205 页。

② 钱穆：《中国文化精神》，(台北)三民书局 1971 年版，第 51 页。

③ 钱穆：《从中国历史来看中国国民性及中国文化》，香港中文大学出版社 1982 年版，第 27 页。

大量、光明磊落，它不但是一种交际技巧，更是一种美德。宽容大度是一种良好的心理品质，宽大为怀，以大局为重，不计较个人的得失，这是豁达的表现，更是一种人生的至高境界。智者往往追求这种境界，总会赢得人们的赞赏和拥护。

《尚书・周书・君陈》曰："有忍，其乃有济；有容，德乃大。"秦相李斯在给始皇帝《谏逐客书》中说："泰山不让土壤，故能成其大；河海不择细流，故能就其深；王者不却众庶，故能明其德。"《淮南子》说："大足以容众，德足以怀远。"明代吴承恩创作的《西游记》中写道："遇方便时行方便，得饶人处且饶人。"中国著名文学家、思想家、革命家鲁迅先生写过一首诗："渡尽劫波兄弟在，相逢一笑泯恩仇。"中国有句谚语：能忍能让真君子，能屈能伸大丈夫。这些名言警句，都饱含着一个道理：包容大度。

寒山和拾得是我国唐代的著名诗僧，二人是好朋友。一天，寒山问拾得："世间谤我、欺我、辱我、笑我、轻我、贱我、恶我、骗我，如何处治乎？"拾得回答说："只是忍他、让他、由他、避他、耐他、敬他、不要理他，再待几年，你且看他。"从他们简单的一问一答，便可轻松看出二人对待世间种种的脱俗姿态。

所谓"包容"，就是百花齐放、百家争鸣，和而不同、周而不比，在宪法和法律的范围内允许多种声音存在，各抒己见，各得其所，相辅相成，相得益彰。包容使我们掌握真理，使我们博采众长。包容的关键在领导、在干部、在党员，在于各级管理者鼓励下属发表意见、乐于听取不同意见。因为领导是关键少数，具有话语优势，如果领导者听不得不同意见，就会造成"沉默的螺旋"效应，导致鸦雀无声、一潭死水。党员要有包山汇海的宽广胸怀，以大胸怀建功立业。新时代的党员，要有宽容淡薄的大胸怀，牢固树立高度自觉的大局意识，自觉从大局看问题，把工作放到大局中去思考、定位，做到正确认识大局、自觉服从大局、坚决维护大局。

一种认识只有经过多次质证、辩论，经过正反两方面对比，才能避免错误。客观事物存在普遍联系，处于多种矛盾之中，具有多个侧面，表现在现象和本质、形式和内容、原因和结果、必然和偶然、可能和现实、质量和数量、肯定和否定等一系列矛盾运动中。正如陈云同志所说，只有不断交换、比较、反复，才能博采众长、集思广益，避免主观性、片面性和表面性。包容能使我们团结大多数，坚持五湖四海、四面八方，不搞圈子帮派、团团伙伙，不搞唯我独尊、孤家寡人。甚至对于非科学社会主义者和犯了错误的人，我们也要团结，从团结的愿望出发，通过批评和自我批评，达到新的团结，壮大我们的力量。这是我们党的光荣传统,也是社会主义文化巨大包容性的体现。

中国近代著名的军事家、政治家曾国藩在谈到如何将事业做大时有这样一句名言:"谋大事者首重格局。"大格局是一种智慧,大智若愚;大格局是一种境界,大勇若怯;大格局是一种深度,大音希声;大格局是一种品性,大巧若拙;大格局是一种姿态,大象无形。人挪活,树挪死。过于执着于一念,打不开局面,可能会导致路越走越窄。而转换思维,放大格局,就能开拓出一个全新视野,打造出一个广阔舞台。

第六节　平等正义,智慧通达

"平等"是指社会主体在社会关系、社会生活中处于同等的地位,具有相同的发展机会,享有同等的权利。每个人天生就应具有同等的生命权利、发展权利和追求幸福的权利。这意味着,每个人的人格是平等的。

在中国古代社会,表达平等的思想主要是"均"。《说文解字》中,"均"是"平"的意思。在古文献中,"均"字举目可见,如《诗经·小雅·北山》中有"大夫不均,我从事独贤",《诗经·大雅·行苇》中有"舍矢既均,序宾以贤",《诗经·小雅·皇皇者华》中有"我马维骃,六辔既均",《尚书·周书·周官》中有"冢宰掌邦治,统百官,均四海",《尚书·周书·吕刑》中有"其罪惟均,其审克之",《周礼·小司徒》中有"乃均土地",《周礼·序官·均人》中有"土均"等,"均人"是周代"掌平等土地征役"的官员。春秋战国时代,"均"字更是广泛出现。《老子》说"天地相合,以降甘露,民莫之令而自均",孔子则提出"不患贫而患不均"的思想。

在古希腊,最早谈到平等的人是普罗泰戈拉,他认为平等是公民政治权利的平等,不包括奴隶和异邦人。当时的智者学派探讨了自然法和自然权利,提出了"上帝使人生而自由,而自然从未使任何人成为奴隶"的名言。柏拉图在《理想国》中,指出妇女在权利与机会上与男子平等。亚里士多德指出政治家所治理的人是自由的人,自由人应该是平等的,公民具有平等的人格。罗马法学派西塞罗提出,在法律面前人人平等,他的思想打破了城邦政治学说的狭隘眼界,主张部分民族的完全平等。斯多葛学派则承认人类具有"理性的平等"。英国前首相威廉·皮特(William Pitt)说:"即使是最穷的人,在他的小屋里也敢对抗国王权威。屋子可能十分破旧，屋顶可能摇摇欲坠；但风能进，雨能进，国王不能进，他的千军万马也不敢跨过这间破房子的门槛。”平等的权利观折射出了西方的人权思想。1789 年法国大革命时期颁布的《人权宣言》第一条就指出，人生来就是而且始终是自由的，在权利方面一律平等，社会差别只能建立在公益基础之上。

每个人都具有平等的人格，应该得到同样的尊重。尊重他人，以平等的态度去对待他人，不因人们之间的差异而划分尊卑等级，显示不同的态度，这是一个正直的人应有的待人之道，也是现代社会中不可或缺的基本素质。

平等是人和人之间的一种关系、人对人的一种态度，它是人类的终极理想之一。由于人之差异，绝对的公平不存在，只有相对的平等。现代社会的进步就是人和人之间从不平等走向平等的过程，是平等逐渐实现的过程。

平等是人类长期追求的美好理想。随着社会文明的不断进步，平等的观念日益普及。当代社会，平等已经是全世界公认的价值。与他人相处时，无论对方的天赋、出身、经济地位、职务如何，都应本着真诚、友善、礼貌的态度平等对人。除了这些，我们还要发自内心地尊重他人人格，要有客观的实事求是的态度，要摒弃陈腐观念，认清歧视的错误和危害，建立平等、真诚和和谐的人际关系以及社会氛围。

马克思、恩格斯的思想中无疑包含着一种极高境界的平等理想：“人在一定意义上才最终地脱离了动物界，从动物的生存条件进入真正人的生存条件。人们周围的、至今统治着人们的生活条件，现在受到人们的支配和控制，人们第一次成为自然界的自觉的和真正的主人，因为他们已经成为自身的社会结合的主人了。”[①]对于最高平等理想的实现，恩格斯在《共产主义原理》中精彩地描述道：“由社会全体成员组成的共同联合体来共同地和有计划地利用生产力；把生产发展到能够满足所有人的需要的规模；结束牺牲一些人的利益来满足另一些人的需要的状况；彻底消灭阶级和阶级对立；通过消除旧的分工，通过产业教育、变换工种、所有人共同享受大家创造出来的福利，通过城乡的融合，使社会全体成员的才能得到全面发展。”[②]人真正成为社会生活的主人，个人与社会实现完美和谐的统一，每个人都真正实现自由而全面的发展，从而实现真正的平等，这是人类社会发展的最高境界。

---

① 《马克思恩格斯选集》第 3 卷，人民出版社 2012 年版，第 671 页。

② 《马克思恩格斯选集》第 1 卷，人民出版社 2012 年版，第 308～309 页。

无论是“杀身成仁，舍生取义”的孟子，还是“牧羊十九载，茹毛饮血不变节”的苏武，无论是“宁为玉碎，不为瓦全”的元景皓，还是不肯“摧眉折腰事权贵”的李白；无论是“秉公执法，铁面无私”的包青天，还是“铁骨铮铮，正气浩然”的文天祥，无论是“一颗赤心，尽忠报国”的岳飞，还是“两袖清风，留下清白”的于谦……乃至当代“见义勇为，勇斗歹徒”的徐洪刚，“惩恶扬善，执政为民”的任长霞等，在他们身上，随处可见“正义”二字。

在古希腊神话中，正义和秩序女神是忒弥斯。据赫西俄德《神谱》记载，忒弥斯是天神乌拉诺斯和大地女神盖娅所生，通常身披白袍，头戴金冠，倚束棒，蒙眼。传说有一天，天庭众神失和，世界处于灾难边缘，无人敢来调解。最后，天帝身旁站起一位白袍金冠女神，这便是忒弥斯，只见她拿出手巾蒙住眼睛，大声说：“我来！”众神听后，不得不点头同意：她既蒙了眼睛，看不见纷争者的面貌身份，也就不会受到利诱，不必畏忌权势。蒙眼不是失明，而是自我约束，是刻意选择的姿态。由此典故还引出一句格言：“程序是正义的蒙眼布。”

由此审视法理现象，可以对平等进行深入解读。例如，前些年，在打击黑恶势力领域，也涌现出一批勇敢无畏、尽职尽责的优秀检察官。2010 年，刘某某等 26 人黑社会性质组织犯罪案件，被移送到莱西市检察院审查起诉。院党组经过研究决定，任命李健为主诉检察官，组成专案组办理此案。上任后，李健扛住压力，和专案组干警放弃节假日，每天工作 12 小时以上，最少时仅休息 5 个小时。一个月后，案件顺利起诉至法院。庭审中，26 名被告人面对李健，态度疯狂嚣张，拒不认罪，辩护律师也为其作无罪辩护。李健针锋相对，激烈辩论。经过整整 7 天 80 多个小时交锋，多数被告人仍拒不认罪，特别是组织领导者，更是一副“死猪不怕开水烫”的架势。为此，李健和专案组成员连夜调整思路，创新公诉内容，法、理、情在公诉意见书中环环相扣，字字感人。最后，李健的公诉意见发表完毕，26 名被告人全部当庭认罪。检察院全院工作人员评价李健说：“她像一把刺向犯罪分子的利剑，让无数犯罪分子受到了应有惩罚。”

古希腊哲学家柏拉图认为，人们按自己的等级做应当做的事就是正义。毛泽东在《为建设一个伟大的社会主义国家而奋斗》一文中写道：“我们的事业是正义的。正义的事业是任何敌人也攻不破的。”①

东方文化的魅力还蕴含在通达的生活智慧中。“智慧”一词出自《墨子·尚贤中》：“若使之治国家，则此使不智慧者治国家也，国家之乱，既可得而知已。”

---

① 《毛泽东文集》第 6 卷，人民出版社 1999 年版，第 350 页。

当然，嵇康《大师箴》“下逮德衰，大道沉沦，智惠日用，渐私其亲”、梅尧臣《桃花源诗》“英雄灭尽有石阙，智惠屏去无年华”、袁鹰《篝火之歌·为家乡画图样》“用双手把图样变成现实，靠你，靠我，靠人民的智慧和力量”，以及李二和《舟船的起源》“聪明是生存的能力，智慧乃生命的境界”中，都有关于“智慧”的描述。

智慧是生命所具有的基于生理和心理器官的一种高级创造思维能力，包含对自然与人文的感知、记忆、理解、分析、判断、升华等能力。智慧与智力不同，智慧表达智力器官的综合终极功能，与“形而上之道”有异曲同工之处；智力则谓“形而下之器”，是生命的一部分技能。日常生活中，智慧体现为更好地解决问题的能力。

人生最大的智慧是良好的心态。马斯洛曾经说过，心态若改变，态度就会跟着改变；态度改变，习惯就跟着改变；习惯改变，性格就跟着改变；性格改变，他们的人生也就跟着改变。由此可见，换种心态、换个角度思考问题，对于人生多么重要。

苏轼被贬黄州期间，生活困苦又无事可做。一天夜里，他看见月光照进庭院，心里十分高兴，就去承天寺找老朋友赏月，为此写下《记承天寺夜游》：“元丰六年十月十二日夜，解衣欲睡，月色入户，欣然起行。念无与为乐者，遂至承天寺寻张怀民。怀民亦未寝，相与步于中庭。庭下如积水空明，水中藻、荇交横，盖竹柏影也。何夜无月？何处无竹柏？但少闲人如吾两人者耳。”人生困顿，还能悠闲赏月，万事不留于心的豁达，让苏轼洒脱地看待是是非非。不纠缠于糟糕的境遇，更是一种通达的智慧。

第七节　命运共担，王道天下

对于道德境遇抉择的问题，儒家关怀也表现出鲜明的价值立场，例如“王霸之辩”是儒家关于王道社会与霸道社会的辩论，“德力之辩”是指道德的力量与强权关系问题的争辩。王道社会是儒家所倡导的理想社会状态，这种社会以仁义道德、百姓安乐为社会发展的最高目标；霸道社会则是与理想的王道社会相对的社会形态，这种社会以政治权势、武力扩张作为社会发展的最高目标。孟子极为推崇王道政治，对王道政治与霸道政治进行了严格区分。孟子说：“以力假仁者霸……以德行仁者王……以力服人者，非心服也，力不赡也；以德服人者,中心悦而诚服也。”(《孟子·公孙丑上》)王道政治与霸道政治的根本区别在于是否实行仁政。孟子不断向君王陈述自己的王道政治学说,提出了一系列安民、养民、惠民的政治经济措施。

在孟子看来,王道政治不仅表现在爱护本国民众,而且也体现在对待外邦的政治态度。孟子提出,对外邦交不能任凭武力,应该“修文德以来之”。孟子曾对梁惠王描绘了“王道政治”的盛世景象:“今王发政施仁,使天下仕者皆欲立于王之朝,耕者皆欲耕于王之野,商贾皆欲藏于王之市,行旅皆欲出于王之涂,天下之欲疾其君者,皆欲赴诉于王。其若是,孰能御之?”(《孟子·梁惠王上》)也就是说,王以仁道治理天下,那些追求仕途功名的知识分子、从事农业生产的普通百姓、从事商业贸易的市井商人都会心甘情愿地投奔王道之君,甚至那些受到不公正待遇的冤屈之人也会找王道之君倾诉。

儒家的价值选择明确“王道”高于“霸道”。可以说,儒家传统政治理念的主要价值取向就是王道政治,王道政治的核心内涵就是要求社会治理中凸显道义原则,“得人心者得天下”,“得道者多助,失道者寡助”,君主的道德人格魅力在政治生活中扮演着重要角色。

由此可见,儒家对于理想社会模式的设计充满了关怀气息,现代社会也能从儒家思想中解读到思想价值和时代价值。例如在疫情中,人人感同身受,深刻领悟了中国精神“命运共担,王道天下”的价值意蕴。

在疫情暴发后,医务工作者不畏风险和劳累,坚守岗位,参与“战役”,逆行奔向最危险的战场,有的医务工作者用生命代价履行了职责,为国家和社会作出了伟大的奉献,与祖国同呼吸共命运。80多岁高龄的中国工程院院士钟南山自挂帅出征以来,始终冲在前线,铁人般拼命。有人高度评价钟南山:“既有国士的担当,又有战士的勇猛。”而他回应得最多的一句话是:“我不过是一个看病的大夫。”他用实际行动诠释“医者仁心,学者大义”八个字。此外,研究疫苗的科学家夜以继日地工作,为人类的健康事业鞠躬尽瘁。最终,中国的疫苗以其稳定性、安全性获得了国际认同,为中国赢得了更高的国际声誉。

人类社会发展史就是一部不断战胜各种挑战和困难的历史。全球性威胁和挑战需要全世界人民的应对,没有哪个国家能够独自应对人类面临的各种挑战,也没有哪个国家能够退回到自我封闭的孤岛。世界性的问题需要各国政府和组织从全球视野、整体性思维层面作出努力,真正将应对复杂的全球性挑战作为共同的责任。

肆虐全球的疫情，以沉痛的代价再次警示人们，人与自然、人与人是休戚与共、紧密相连的命运共同体。构建人类命运共同体，不仅需要不同文明利益共享、交流互鉴，更需要破除强权政治和霸权行径，实现公平正义、责任共担。当今世界，人类正处在大发展、大变革、大调整时期，面临的全球性问题数量之多、规模之大、程度之深前所未有。国际环境日趋复杂，不稳定性不确定性明显增加，经济全球化遭遇逆流，世界进入动荡变革期，单边主义、保护主义、霸权主义对世界和平与发展构成威胁。因此，从构建人类命运共同体的理念出发，需要世界各国以负责任的精神同舟共济，共同维护和促进世界和平与发展。

当前，世界多极化、经济全球化、社会信息化、文化多样化都在深入发展，弱肉强食的丛林法则、你输我赢的零和游戏不再符合时代逻辑，和平、发展、合作、共赢成为世界人民的共同呼声。特别是 21 世纪以来，新兴市场国家和广大发展中国家群体性崛起，占世界经济总量的近 40%，对全球经济增长的贡献率已达 80%，极大地推动了世界多极化的进程。国际力量对比的重大变化使世界政治格局更为均衡，有利于维护世界和平、促进共同发展。所有主权国不分大小、强弱、贫富，都是国际社会的平等成员，都有责任承担自己的义务。全球事务应由各国共同治理，主权平等、对话协商等应是国际关系公认的准则。虽然目前多元责任国际秩序的建构仅仅是一个开端，还存在诸多不确定性，但它给国际社会摆脱权力政治与霸权主义的怪圈提供了选择。通过多元责任担当，建立一个公平、正义、合作与和平的全球秩序，是解决当前全球问题的新思路。参与全球治理，是中国对世界负责任的选择与必由之路。

第二次世界大战结束后，以联合国为核心的国际体系为世界带来 70 多年的和平稳定和发展繁荣。构建人类命运共同体的理念，受到各方普遍欢迎和高度评价，被载入联合国一系列决议。要乘势而上、顺势而为，坚定维护以《联合国宪章》宗旨和原则为核心的国际秩序和国际体系，为全球治理体系改革和建设贡献中国智慧和中国方案。习近平总书记指出："中国共产党是为中国人民谋幸福的政党，也是为人类进步事业而奋斗的政党。中国共产党始终把为人类作出新的更大的贡献作为自己的使命。"[①]推动构建人类命运共同体，就是中国承担的大国责任、彰显的大国情怀。

---

① 习近平：《决胜全面建成小康社会　夺取新时代中国特色社会主义伟大胜利——在中国共产党第十九次全国代表大会上的报告》，人民出版社 2017 年版，第 57～58 页。

第八节　知行合一,和谐共生

“知”是指良知,“行”是指实践;“知”与“行”的合一,既不是以“知”来吞并“行”,认为“知”便是“行”,也不是以“行”来吞并“知”,认为“行”便是“知”。明朝思想家王守仁最早提出“知行合一”,它是中国古代哲学中认识论和实践论的命题,主要关于道德修养、道德实践方面。古代哲学家认为,不仅要认识(知),还应当实践(行),只有把“知”和“行”统一起来,才能称得上“善”。

儒家思想不仅仅局限于理论,还推崇躬身践履的实践精神。孔子以力行对言论加以验证,将学与行统一起来,强调学之后还要践行,切实推行自己的思想。儒家重行,强调知行合一的精神,反映了儒家的入世特质——投身于社会实践,绝不受困于理论的空中楼阁,并且围绕和关注现实生活。儒家所倡导的德性学说,要求行为主体修己尽性,加强自觉道德意识。但是,儒家这种内在的德性自觉并不是封闭自守的,而是具有强烈的实践精神,儒家成德之教、成人之教蕴含着一种践履圣人之言的思维。也就是说,儒家所倡导的德性修养从未只停留于口头和纸面上,而是追求切实的实践效果。例如,子贡问孔子如何做一个君子,孔子回答:“先行其言而后从之。”(《论语·为政》)《论语》中有许多诸如此类的观点,如“君子欲讷于言而敏于行”(《论语·里仁》),“君子耻其言而过其行”(《论语·宪问》),等等。这些都表明孔子在“言”与“行”关系上的立场,即言行一致,注重实践。孟子也极力反对“言不顾行,行不顾言”(《孟子·尽心下》)的说大话之人。荀子则对知行关系进行了较为系统的证明。他说:“不闻不若闻之,闻之不若见之,见之不若知之,知之不若行之。学至于行之而止矣。行之,明也。”(《荀子·儒效》)对知行合一更具切身体会的是王阳明,他早年笃信朱子学说,相信“今日格一物,明日格一物”,终究会“豁然贯通”。

儒学具有“多元会道、兼容开放”的特色,特别是其内在蕴含的和谐思想,是中华民族和谐文化的重要演绎。孔子以“和”作为人文精神的核心。《论语·学而》强调:“礼之用,和为贵。”和是治国处事、礼仪制度的价值标准。

道家创始人老子提出“万物负阴而抱阳,冲气以为和”的思想,认为“道”蕴含着阴阳两面,万物包含阴阳,阴阳相互作用而构成“和”。“和”是宇宙万物本质及天地万物的生存之道。中国哲学秉持儒道两家的和谐思想,融会贯通,既融合黄河流域的齐鲁文化，又兼具长江流域的楚文化特色。富于伦理道德的孔孟思想与浑然朴实、富于哲理的老庄自然思想融为一体。后来儒释道融合，构成了中国思想文化的独特风貌。

著名文人陶行知先生在读大学期间，特别推崇明代哲学家王阳明的“知行合一”学说，因此为自己取名“知行”。43岁时，他在《生活教育》上发表《行知行》，认为“行是知之始，知是行之成”，并再次改名为“陶行知”。通过陶先生改名，可以看出他教育理论、认识论的转变：从盲目到“知行合一”，再到“行知论”。陶行知用简单的例子来说明“行知论”：小孩子必定烫了手才知道火是热的，冰了手才知道雪是冷的，吃了糖才知道它是甜的，碰过石头才知道石头是硬的，等等。行，是行动，是实践，是亲身体验。知，顾名思义，就是知识，在这里应该是动词，学习理论知识。陶先生强调“亲知”，即从“行”中得来，亲身得来，而不仅仅是“闻知”，从师得来，或从书本得来。他的“行知”认识论对于现实具有很好的指导意义。

“知易行难”，“知者”可贵，“行者”更可贵。行者，用行动诠释生活的意义，用行动抒写生命的美丽。“纸上得来终觉浅，绝知此事要躬行”这句古训被世人广为传颂。它告诉人们，如果想成功，必先做一个行者。居里夫人是享誉世界的科学家，她为了理想甘于奉献，最后为自己心爱的事业而捐躯。她用行动为世界作出巨大贡献。玄奘大师是家喻户晓的佛学大师，他从长安一路历尽了坎坷，正如《大唐西域记》描述得那样，玄奘历经艰辛，最终到达天竺。他翻译了诸多佛经并写下珍贵的历史文献，他的努力为后世的佛教发展与历史考证均起到积极影响。这就是行者精神。

2021年5月，“共和国勋章”获得者、杂交水稻之父袁隆平院士在湖南与世长辞，国人无不惋惜，深切缅怀。早在2004年，袁隆平就被评为感动中国人物，他的精神力量和人格魅力感召和鼓舞着更多的拥有爱国情怀的人。他毕生追求两个梦：一是禾下乘凉梦，二是杂交水稻覆盖全球梦。袁隆平将理想付诸脚踏实地的奋斗与实践，被敬称为“当代神农”。

“知行合一”也蕴含着中国古代的和合文化。中国古代以和为贵，主张天人合一，和谐共生。“和”与“谐”二字表面看有共义，实则有分义。“和”有“和面”之意，即“面对面”商讨、议事、谈判；而“谐”具有“糅合”之意，即“谐调”“统一”“共处”。由此可见，在当今时代，和谐建立在公正公平地享受利益的基础之上，而要保证公正公平地享受利益，就离不开实现利益的本质——权利。

“和”是中国古代哲学的一个重要范畴，在中国文化的发展过程中起着独特的作用，它不仅是一种思想观念，而且也是中华民族的基本精神。“中和”思想的传承特别重要。

中华民族在悠久的发展历史中，积淀和形成了自己独特而伟大的民族性格和民族精神。中华文化的基本精神，表现出自强不息、厚德载物、居安思危、乐天知足、崇尚礼仪等特征。中华文化的核心和精髓，就在于“和合”二字。

社会共生是人的基本存在方式，任何人都生活在人与人、人与自然的共生系统之中。共生关系不止存在社会某个方面，而是遍布人类社会的经济、政治、文化、社区、社群、家庭等所有领域，其表现更是形形色色、千姿百态。没有共生，也就没有人的存在。

社会共生论认为，人之本性力图伸展，人与人之间既互相排斥又相互依赖。每个人都希望占有更多资源来发展自己，而资源具有稀缺性，所以人与人之间会出现冲突。然而，个人生存所需的许多资源只有通过别人才能得到，所以人与人之间还存在互相依赖的一面。社会分工越细，人对他人的依赖越多。排斥引发斗争，依赖导致妥协。斗争与妥协互动，形成共生。共生关系有优劣之分，和谐共生就是达到相对最优化，在合理的“度”之内分享资源，代际合理分享资源——人利用自然，同时又保护自然。

要想实现和谐共生，就要弘扬科学精神和人文精神。如果将人类文明比作一只迎着历史的长空翱翔的大鹏，那么科学精神和人文精神无疑就是文明的双翼，同根同源，相辅相成，相得益彰，缺一不可。个人和人类社会要发展，必须张开文明的双翼。如果缺乏科学精神或者人文精神，那么个人和社会无法健康成长，人类社会也无法享有光明的未来。中国是发展中国家，发展是硬道理，必须张开文明的双翼，同时弘扬科学精神和人文精神，方能持续发展，走向人与人、人与社会、人与自然和谐共生。

协和万邦是和合文化的又一实践，也是习近平总书记在党的二十大上所强调的天下观。“以和为贵”“亲仁善邻”“协和万邦”是中华民族与世界各国人民友好相处的传统道德基础。先秦时期老子主张大国理应谦下（“大者宜为下”“大国者下流”），西汉董仲舒主张“洽四国”，唐高祖李渊主张对周边邻国行“仁恕之道”等，都是中华民族的美好愿望和实践目标。

和而不同是和合思想的一个特征。所谓“和实生物，同则不继”，“君子和而不同，小人同而不和”。“和”指不同事物之间的搭配、融合、平衡以达到圆满程度的一种状态。例如音乐，五音的高低疾缓臻于完美，称为“和”；如饮食，五味的多寡浓淡搭配得宜，称为“和”；如身体，阴阳之气平衡饱满，称为“和”；如德行，处事不刚不柔曰“和”。可见此种“和”的境界有三个特点：第一，它是一种至善的状态；第二，它是由不同事物构成的一种完美的关系；第三，多种事物在和合的关系中保持着原有的个性。和而不同，“和”异于“同”之处，就在于它保留了每一种事物的个别属性。

从古代的英雄到近现代的革命先烈，从新中国建设者到改革先锋，都表现出了中国精神的可贵，恰恰是这些宝贵的精神财富映射出更多的新时代的人文光芒。这是民族文化的底气，也是文化自信的渊源。这些都使我们深信，新时代的伦理建设从历史到现代具备了扎实的根基，并在社会主义核心价值观的引导下盛开绽放并结出丰饶的果实。

从历史，到近现代，到当代，再到新时代，人文精神汇聚了古代智慧、现代精神，其内在的主旨和价值依然大放光彩。儒家关怀与现代人文关怀契合的内容，具备了理论与实践、伦理与精神、现世与超越的张力与和谐，相互包含，相互交融，成为人类命运共同体理念的丰富给养。

一方面希望统治一切人，另一方面又希望被一切人爱。

一方面顺从他人，另一方面又把自己的意志强加在他们身上。

一方面疏远他人，另一方面又渴望得到他们的爱。正是这种完全不能解决的冲突，控制着我们的生活。

——卡伦·霍尼

第五章 人文关怀视野下道德伦理的五维解读

“人文关怀”的概念来自西方，“人道”的称谓来自东方，东西方异途而同归的是：儒家关怀契合了现代人文精神，两种关怀聚合一处，其精神内核在现代社会依然熠熠生辉。人文关怀视野下对道德伦理的五维解读，既是现代人在传统到现代的历史长廊中的回眸长忆，又是理性依偎感性之下的对当代社会的审视与慨叹。

第一节 私人道德与制度伦理的良性互动

从私人道德与制度伦理之间的关系来看，只有实现良性互动，才能使社会的伦理方向盘打向正义的方向。私德意味着个体的主观体验是先决条件，而人性的本心起到核心作用。人性中有积极的部分，也有消极的部分，而人性本身实际上并没有那么多的好坏之分。激发人性的闪光处，照亮人性的灰暗处，制度和道德在其中的作用尤为突出。能否真正发出人性的正义光芒，关键要看两者如何结合。适当的制度会激发人性的力量，并能确保社会进步；而扭曲的制度则会扭曲人的本性，使两者的互动陷入恶性循环。同理，在制定制度的过程中，如果对人性缺乏基本的尊重和理解，那么制度本身也会扭曲。因此，在社会管理中，必须正视并重视两者之间的互动关系，反对制度与道德对人性的强硬绑架，防止人性在制度面前显现出低俗和卑微的迹象。

整个社会需要认识到，任何道德观念的培育以及道德规范作用的发挥离开社会制度配套与支撑都是难以实现的，而社会制度本身应当以良好的伦理诉求为价值底蕴。只有通过这个必要途径才能形成私人道德与制度伦理的良性互动，从而营造良好的伦理秩序和社会风气。而传统与现代契合下的人文关怀就是私人道德与制度伦理良性互动的突破口。

制度是要求公众共同遵守的办事规程或行动准则，是实现某种功能和目标的社会组织乃至整个社会的一系列规范体系。法律一般在全国通用，而制度只在某一单位或区域适用。制度的优势在于有特定的适应和及时应变能力。制度是一种人们有目的地建构的存在物，带有价值判断，从而影响、规范个体的行为。中国现代化治理体系中就涵盖了制度建设。每个公民在提升道德素质的过程中，转化固有思维是十分必要的。在现代化社会中，权力是一只无形的手，操控力极强。如果这只手背弃正义与公道，翻手为云，覆手为雨，人间的罪恶就会变本加厉，仅靠法律事后惩戒与震慑远远不够。走向善治的国家，一项重要的任务就是制度伦理建设，必须将权力关在制度的“笼子”里。制度一旦有漏洞，权力这只手就可以伸向任何角落强行干预，肆无忌惮，其结果就是远离了正义和公道。

中国传统道德的发展一直没有离开制度构建，但预设的前提是性善论。对比来看，西方社会的契约精神、权力制衡是以性恶论为起点的。霍布斯的契约思想和洛克的分权制衡、预防权力滥用就是基于性恶论预设。东西方都注重德性和规范的关系。性善论倾向于德性修养，性恶论倾向于制度规范的优先性。如果拥有切蛋糕权力的人同时拥有优先选择的权力，制度漏洞无法制约贪婪的人性，那么就会导致权力的滥用与公平的丧失。

事实上，在任何社会中，对抗人性最直接最有效的方式是制度和法律。法律是法典和律法的总称，分别规定公民在社会生活中可进行的事务和不可进行的事务。制度又称为“建制”，泛指规则或运作模式，是规范个体行动的一种社会结构。没有规矩不成方圆，规则蕴含着社会的价值，其运行也彰显着社会的秩序。

近年来，随着法律的普及，公民的法律意识和法律素养在提升，但是制度规矩意识并没有跟上法律动态发展的节拍，其最大的障碍是固守原有的思维定式。

传统的主流伦理学的重要缺陷之一是缺乏制度伦理思维。从制度伦理的角度看，制度的伦理功能远远大于个人美德，制度保障是人们选择道德行为的必要前提，制度是维护道德的中坚力量。制度伦理建设必须与法律体系建设同步，如此现代化道路才能畅通无阻。

法国人文主义作家拉伯雷(Francois Rabelais)讲，学术无良知即是灵魂的毁灭，政治无道德即是社会的毁灭。美国哲学家尼布尔(Reinhold Niebuhr)在《道德的人与不道德的社会》(*Moral Man and Immoral Society*)一书中指出，单纯依靠宗教和道德说教不可能消除社会的不公正。为了消除社会不公正，就必须采用“合理的强制手段”来引导人，制度的驾驭功能绝对不能被无视或忽视。

判断社会道德进步与否，不能忽略的客观标准就是制度伦理建设的程度。道德建设要具备宏观的制度伦理思维，而非微观的个体道德思维，要通过制度创新和制度变革来加强和改善我们的道德建设。中国式现代化道路上，道德建设要想实现实质性的突破，关键的一步是要通过制度革新乃至变革，强化宏观的制度伦理的思维意识。

制度以道德为目标，就是合道德性、合公正性，公正就是道德的底线。随着人的道德水平的提高，制度公正也越来越走向文明，确保着秩序的运行，实现德福统一的社会。① 制度是一种公共理性，是集体的“人工人格”(artificial personality)。与个人的道德理性相比，制度的道德理性更为稳定，因为制度不会像个体的自然人格(natural personality)那样容易受到私人性的情绪和偏见的影响。②

在社会中，制度的影响力是巨大的，个体的不道德行为往往是偶发性的，像沙粒一样容易被埋没在历史长河中，但制度性的不道德行为则是被历史牢牢记忆。个体的善心善行远远比不上体现人文关怀的良性制度带来的善果，同样道理，制度的恶性后果也远超个体的道德失范行径对社会的破坏程度。用个体的善意对抗制度的罪恶，只能令那些行善者遍体鳞伤，彻底心寒。在无视公义和人道的制度下，卑鄙往往成为卑鄙者的通行证，而高尚只能成为高尚者的墓志铭。在充满人文关怀的善治国度里，在制度设计合理的社会中，制度是道德的

---

① 参见宋增伟:《制度公正与人性完善》，中国社会科学出版社2010年版，第173页。

② 参见杨通进:《制度伦理视阈中的道德建设及其进路》，《道德与文明》2013年第3期。

护佑神。制度是道德的主要“提供者”，因为在正义而合理的制度安排中，不仅社会合作的成本与收益能够在社会成员之间得到公平的分配，从而从制度层面避免了大量不正义（如以权谋私、权钱交易、暗箱操作、三角债务、医疗资源的资本捆绑等）的现象，而且通过制度的约束与引导，人们能够使社会所追求的“善”得到最大限度的实现；而这些善的目标，单靠个人的道德努力是难以实现的。

在信息化飞速发展的当前社会，网络信息传播具有及时性、时效性、便捷性的多维立体传播特点。很多舆论热点、焦点人物都会引发网民关注，庞大的网络舆论监督机制不断加强，任何事件一旦偏离公平与正义，势必会被广大网民发现端倪。在某种程度上，这种无形环境推进了道德制度化的良性循环。

个体的道德努力、私德的操守、人品的提升，迫切需要制度伦理建设为支撑，最大限度地激发社会的正能量。只有制度伦理建设与私德提升了，良性互动的车轮的转动才能高效，前进的路才能长远，未来才能光明。

第二节　法律原则与道德信仰的二维悖论

法律的本质是“他律”，道德的本质是“自律”。法律主要表现在外在强制力上，而这一手段的作用形式就是国家机器。这些强制手段往往具有一定的暴力色彩，如剥夺财产甚至生命，可以对整个社会形成一种有形的威慑力，进而保障社会秩序正常运行，迫使人们遵守法律。道德则是主观上对自己的实践行为作出自愿的约束，很难借助外在的强制力进行。道德是通过社会软文化的教育、引导、影响等自觉形成的，是一种心理认可，随时会因外物的变化而变化。

法律原则与道德信仰的二维悖论体现在，法律原则不能违背公序良俗和公共道德。法律是道德的后盾，没有法律支持与提倡，道德底线只能一降再降，缺乏人文关怀的法律顾及不了道德，甚至保障不了道德高尚者的基本权益。《孟子·离娄上》指出：“徒善不足以为政，徒法不足以自行。”

一方面，道德与法律不能相互替代、混为一谈。两者的区别可归结为三点：第一，产生的条件不同。道德的产生与人类社会的形成同步，道德是维系一个社会的最基本的规范体系，没有道德规范，整个社会就会分崩离析。而法律是在原始社会末期，随着氏族制度的解体以及私有制、阶级的出现，与国家同时产生的。第二，表现形式不同。道德规范的内容存在于个体的意识之中，并通过言行表现出来，一般不诉诸文字，内容比较抽象、模糊。而法律是国家制定或认可的一种行为规范，内容明确，通常以各种法律规范的形式表现出来。第三，调整范围不同。从深度上看，道德不仅调整外部行为，还调整动机和内心活动，它要求人们根据高尚的意图而行动，为了善而去追求善。法律尽管也考虑人们的主观过错，但如果没有违法行为，就不对主观过错进行惩罚。从广度上看，由法律调整的领域，一般也由道德调整。但是，也有一些由法律调整的领域几乎不包括任何道德判断，如专门的程序规则、政府的组织规则等。第四，作用机制不同。道德主要靠社会舆论、传统习俗以及个体的内心信念来维持，而法律是靠国家强制力如法庭、监狱、警察机构等保障实施的。第五，内容不同。道德一般只规定义务，并不要求对等的权利。如面对落水者，道德提示救人义务，却未赋予施救者对被施救者索要报酬的权利。而法律是以权利、义务为内容的，一般要求权利、义务对等，没有无权利的义务，也没有无义务的权利。

另一方面，道德与法律作为两种重要的社会调节手段，相辅相成、相互促进，共同服务于经济社会的健康有序发展。现代化的国家治理在以法治国和以德治国相结合领域的最佳状态是"良法善治"。以法治国的同时，也不能遗忘人伦与情理；以德治国的同时，也不能滥用人伦与情理去扭曲法律。在这些实践中，必须真正以严谨的法理来彰显司法的公正与理性，以练达的情理来展示司法的社会良知，以平和的姿态体现司法的温度，从而使法律获得更高公信力，使人民群众切身感受到社会的公平正义与法律的人文关怀。

法律在最大限度上体现了对社会正义的分配，要最大限度追求法律正义，依法治国，同时还要兼顾社会普遍正义，体现德治要求，体现对民意的尊重。例如，近年来法院在判案时也会充分考虑到公序良俗以及社会效应，不再重蹈"彭宇案"的覆辙。人文关怀与人性温暖赋予了法律以温度，也意味着道德良知自始至终从未退场。而良法善治就是用法治来引导人们的道德，用德治来完善法治体系，加强法律的权威。在现代化国家治理体系建设中，法治的最终目的是实现社会善治，善治既表现为政府代表广大人民管理公共事务的权力受到法律的制约而不能越位，权力被关进"笼子"里，受人民的监督，也表现在法律面前人人平等的尊严价值。

法律是最低的道德，道德是最高的法律，听上去似乎两者重合的内容挺多，但事实上两者存在二律背反的关系。美国著名法学家富勒(Lon L. Fuller)提出了"两种道德"即"义务的道德"和"愿望的道德"的观点。"义务的道德"是对社会生活最基本、最底线的要求，必须遵守和履行；“愿望的道德”是在此基础上更高层次的要求，体现为人们的一种无限的追求和努力，是一个更高更远的目标。前者往往可以诉诸法律规范，而后者却应归为道德的范畴而不应纳入法律的范畴。它们的关系被比喻为一根“标尺”，“标尺”的最低点是对人们最基本的要求和规范，它可以通过不断地延伸而不断被拔高，最终到达“制高点”——“愿望的道德”。其中，这根看不见的“指针”就是“义务”与“美德”的分界线。只有辩证地看待道德与法律的关系，才能跳出二律背反的怪圈。

社会伦理问题的产生在于缺乏有力的法律保障，法律缺乏对道德的人文关怀。没有以人为本理念的法律的约束，只会让更多的人忘记道德的底线，只会让更多无视人文、践踏生命的悲剧发生。从三聚氰胺到上海“11·15”火灾，从“7·23”甬温线特大交通事故到甘肃正宁县校车车祸，食品安全、交通安全、医疗卫生安全等领域类似事故令人触目惊心。如果法律制度足够健全，就不会有人为了背后庞杂的经济利益链条而置人生命安全于不顾。过于松懈的监管、过多的法律空白，使犯罪成本降低。法律是道德的后盾，没有法律的支持，道德的底线只能一降再降。

“仓廪实而知礼节，衣食足而知荣辱。”如果有足够健全的制度牢守平等和尊重，如果每个人都能够通过正当手段为自己谋得幸福，那么为了金钱而产生的不道德行为，想必会大大减少。

第三节 私德视角下的精神信仰与道德践履

道德讲究界限和方寸。“方寸”又称“尺度”，其中含有做人的智慧。智慧的中国古人讲求“度”，认为“过犹不及”。方寸的把握也事关人生的成败得失。界限意味着哪些事可以做，哪些事该做，哪些事不可以做也不应该做。超出界限就是在道德边缘上试探，在法律边缘上玩火，其结果可想而知。

相对于公德而言，私德事实上对个体道德的界限要求更全面、更细致。情感生活领域往往让个人的私德表现得淋漓尽致。无论是亲情、友情还是爱情，逾界者的例子数不胜数。在此不妨将人性、心理等综合因素纳入其中，一并来剖析逾界者——不道德的行为人。无论是生活中还是文学、影视作品中，总有一些角色被道德这面镜子照出了人性不太光彩的一面，包括亲情中的不孝甚至反目成仇，老死不相往来等；爱情中的情感欺骗、游戏人生、惯性出轨、利益谋取等。此外，友情领域道德逾界者的不佳形象也屡屡出现在影视文学作品中，那些反面人物的形象都是言语轻浮，过分嫉妒、虚荣，人前人后两张面具。

“仁者爱人”是一种人文关怀，也是做人的底线，“仁者爱人”要求人要富有同情心，人一旦缺失同情心就会变得冷漠，伤害他人，损害社会。比如网络上曝光的虐待动物、坑蒙拐骗的人大都是源于人性的冷漠和同情心的缺失。人性既不是完全善的，也不是完全恶的，而是幽暗的，因此人需要精神信仰才能走向高贵的人格精神。高贵是一种精神信仰，内心高贵的人即使身处逆境和险境也会坚守道德底线，不做有损他人利益的事情。

第四节　人文关怀前提下的道德自律与他律之间的平衡

自律和他律是康德的道德哲学用语。自律是指支配人的道德行为的道德意志完全由自己的理性决定，而不受制于外部必然性；与此相反，他律即支配道德行为的道德意志受制于外部必然性而非由理性自身决定。康德坚持自律是一切真正道德的源泉，只有自律的行为才是真正道德的行为。

在现实社会中，自律指不受外界约束和情感支配，根据自己善良的意志而行事。在没有人现场监督的情况下，自己要求自己，变被动为主动，自觉地遵循法度，约束自己的一言一行。他律是自律的制度基础。良好而严谨的制度和监督体系可以树立明确的行为标准和规程，使人们能预见到不规范行为带来的不良后果和自己要承担的责任，从而更好地规范自己的行为，做到自律。

自律是他律发挥作用的重要条件。制度体系中每个个体的自我约束，能够使制度体系得到最高效率的运行，从而使制度发挥更大的作用。如果每个人都不自律的话，制度体系将无法发挥应有的作用。与此同时，个体道德行为的形成依赖于他律和自律。在市场化、全球化、信息化的环境下，人的价值取向呈现多元化趋势，由此个体道德选择与社会道德规范之间的矛盾更加突出，通过他律实现自律也就变得更为重要。

道德的自律和他律之间相辅相成，需要一种平衡，其前提条件是人文关怀。只有在人文关怀的前提下，自律才能顾及他人，顾及社会，推而远之，超越个人主义的狭隘；他律才能实现制度公正。

规范社会秩序，不仅要确立与之相适应的法律体系，而且要形成与之相适应的思想道德体系。儒法并用是我国历史上常用的社会治理方式，只有思想教育手段和法制手段并用才能相得益彰，因为法是他律，德是自律，他律和自律相结合才能达到最佳效果。正所谓“道之以政，齐之以刑，民免而无耻；道之以德，齐之以礼，有耻且格”(《论语·为政》)。

一方面，他律和自律平衡的入口是道德制度化。从历史维度来看，道德是一定社会发展的产物，体现着社会的需求。中国古代产生了智、仁、勇“三主德”的要求，古希腊文化产生了智慧、勇敢、节制和正义“四主德”的道德规范。由此可见，东西方指向的都是人与人之间的等级和秩序，体现的是人与人依赖关系的具体化。近代以后，西方文化中的启蒙思想和重商主义衍生出了契约精神，也意味着人与人的依赖关系转变为人对物的依赖关系。亚当·斯密所著的《道德情操论》被称为《国富论》的姊妹篇，两者并称为“两只看不见的手”。他的学说成为西方自由市场经济国家的主流道德标准。他认为，只要按市场经济的游戏规则来追求自己的根本利益和幸福，富裕和道德就可以同时实现，“富之路”和“德之路”必须统一。[①] 亚当·斯密设想并倡导的市场经济是有道德的市场经济，没有同情、仁慈、公正、责任心等基本的道德观念，市场经济就无法正常运行。

在社会主义市场经济背景下，道德的基本规范是公平竞争，合法经营，道德体系需要人文关怀基础上的现代人文的对接，需要法规契约的新的调节准则。中国传统道德将人际关系伦理化，以“信”“义”为社会行为调节原则；市场道德则要求经济关系契约化，以“法”“约”为基础，辅以诚信作为市场行为的调节原则。这意味着制度的伦理化建设愈加重要，需要配套的是健全、完善社会道德体系，使其按照自身的特点有效发挥应有的作用。这一过程将道德的他律与自律力量统一起来，使两者协同发挥作用。

另一方面，自律和他律平衡的出口是人文关怀。只有发自内心的一种情怀存在，才能使人文精神传承绵远、长久。

在信息化时代，人们的道德生活体验离不开自律和他律之间的平衡。利他定律总是不被人注意但却实实在在发挥效用。“利他”就是成全别人，让他人得好处。如果你事事处处为他人着想，为别人造福，最后受益者就是自己。利他不是牺牲自己或者忽视自己，而是经由生命的关系，付出与收获的能量循环，建

---

① 参见[英]亚当·斯密：《道德情操论》，王光波译，中国华侨出版社2010年版，第3页。

立自身更大的价值。用最通俗的话讲就是，你让身边的人幸福快乐，那最后最幸福快乐的人，一定是你自己。你成全他人的成就与成功，那最后获得最大成就的人也是你自己。

例如，那些赤裸裸地为追求最大利润而不择手段的公司往往昙花一现，而那些致力于为客户、为社会提供优质服务和优质产品的公司往往长盛不衰，越做越大。这就是利他定律在起作用。值得一提的是，在利他定律中，提高他人价值和提高自我价值，往往是同时发生的，即当你在提高别人价值的时候，你的自我价值也会提高。

第五节　解读网络亚文化

网络亚文化是一种有别于网络主流文化，体现着另一种审美观和价值观的网络流行文化，具有极强的渗透力和影响力，尤其对未成年人的思想意识、行为方式有着极为深刻的影响。

网络亚文化是在网络虚拟空间中存在的边缘文化，也是网民在网络中逐渐形成、信奉和推行的一种特有的文化价值体系、思维模式和生活方式。贴吧、微信、微博、B站、快手、抖音等网络平台为网络亚文化的诞生和传播提供了土壤。

一、网络亚文化现象的表征

丧文化是网络亚文化极具代表性的一种，指年轻人由于社会生活、学习、工作压力大，从而有意或无意地在网络空间或者实际生活中表达自己的沮丧或者满不在乎的一种文化。很显然，这里有消极颓废之意。丧文化有以下几个表征。

（一）比坏心理

前些年流行的官场小说、宫斗剧就是这种社会风气投射到文艺创作中的一个结果。这些作品的一个共同主题是权谋：谁的权术高明，谁就能在社会或职场的残酷“竞争”中胜出；好人斗不过坏人，好人只有变坏、变得比坏人更坏才能战胜坏人。传播和宣扬的价值观，特别是在网络中充斥着娱乐至上的价值观背景下，所产生的恶果会阻碍良好社会风气的建立。

（二）“佛系”论调掩盖实际的懒惰

当下，部分年轻人给自己无欲无求、不争不抢的生活态度起了一个新名词——“佛系”。但是，这真的是“佛系”吗？要知道，真正学佛的人，不仅生活规律，更是时时刻刻修行精进，而这些，都是需要坚持不懈的大毅力，而不是“有也行，没有也行”的懒散的生活态度。表面上不怨、不怒、不争，其实就是不善于维护自己的权益，不把理想和信念当回事。这可以说是另一种类型的放纵。明明是懒惰，却找了一个华丽的借口，处处不坚持，事事随大流，最终只会迷失自我。

在我们的生活中，如果事事都是无所谓的态度，那还能继续奋进前行吗？我们国家之所以能屹立于世界民族之林，就是因为我们的父辈付出了巨大的努力与辛劳。如果他们也秉承“有也行，没有也行，不争不抢，不求输赢”的态度，那还有我们现在的美好生活吗？这些模棱两可、懒惰逃避的行为不是“佛系”，而是一种伪生活，一种蚕食我们精气神的负能量。

（三）对他人评价负面的评级

有些人无论是在网络中还是在生活中，几乎全用贬义词，肆意攻击他人人格，将粗俗视作洒脱，将无礼视作率真，将不拘小节视作大度。种种没有教养的行为表现出道德精神侏儒的丑相，正是缺乏正确的荣辱观和是非观的体现。

作为舶来品的丧文化有四大源头：一是欧美发达资本主义国家的新自由主义思潮；二是资本主义制度下的“人的异化”的副产品；三是源于资本主义制度下“阶层固化”的边缘人士的消极抗争；四是全球化红利分配不均所带来的“精神迷失”。丧文化最早在欧洲产生，之后登陆美国，进入日本，近几年又出现在我国，现在已经小有规模，如果不加以警惕和防范，会成为颇具影响力和破坏力的亚文化。青年一代理应朝气蓬勃，是社会的希望。如果任由这种悲观、颓废的青年亚文化随着网络蔓延，其后果是严重的，对社会的影响不堪设想。因此，需要对这种亚文化保持警惕。

丧文化近乎“佛系”的生活方式，并不适合中国青年。现代文明史一再证明人力资源是财富的最大来源。近年来西方很多发达资本主义国家屡屡受挫，很大程度上是因为年轻人的进取心和干劲正在消退。在法国、意大利等国家，失业率高的人群是青年人，并不是因为社会上岗位不足，而是青年人主观上不想找工作。他们认为即使失业也不影响生活，因为有政府救济。西方社会的高福利养闲人、懒人的制度之弊病使社会问题丛生。特别是资本主义制度遭遇民主赤字危机和全球治理赤字危机的时候，西方国家民粹主义大行其道却又无法激发青年人的活力而陷入社会普遍焦虑和政治上力不从心的尴尬境地。中国有今日的物质文化生活水平，很多专家归结为“人口红利”，其中最大的红利是“青年人红利”。青年人积极进取，勇立潮头，响应时代号召，到需要自己的地方工作，在最有市场潜力的领域创新创业，正是他们的拼搏造就了欣欣向荣、活力十足的“青年中国”。

二、网络亚文化异动的三大通道

亚文化在网络上传播的便捷化对青年人价值观消解起到明显的推波助澜的作用，其主要有三大通道。

（一）碎片化特征的互联网通道

网络信息的爆炸，使得人们在获取信息时不加甄别，形成无所谓、无是非的混沌意识。网络环境对亚文化的流行起到了推波助澜的作用。这种丧文化的流行有一定的社会土壤和时代背景，是新媒体、自媒体时代的一个缩影，在一定程度上反映出当前部分青年的精神特质和集体焦虑，也是青年社会心态和社会心理的表征。这种漫无目的的情绪低迷、无欲望的心态和形象通过网络全方位地展露和表达出来。例如，“废柴”“葛优瘫”“躺平”“佛系青年”“人间不值得”等在网络上一经传播便一发不可收拾，迅速赢得部分年轻人的“青睐”。2016 年，一张 1993 年热播的生活剧《我爱我家》的剧照突然刷屏，著名喜剧演员葛优的一张剧照展现出的懈怠加倦怠的消极形象立马吻合了一大批年轻人的悲观、无奈的内心状态，而疯狂转发图片的正是微博上最活跃的年轻用户。

（二）盲目跟风的网络流行话语体系通道

“90 后”“00 后”成长的时代背景是中国在 2001 年“入世”，积极融入全球化浪潮，社会和经济飞速发展。他们也经历了 2003 年的“非典”，空气污染，地震、洪涝等灾害。他们的物质基础相对于“70 后”“80 后”更丰实，他们更关注自己作为一个独立个体的内心世界。他们成长于网络时代，但是又脆弱敏感，缺乏审时度势、明辨是非的能力，容易被网络空间中一些错误的意识形态和价值观带偏，而选择盲目跟风。

（三）稳定的部落化“丧文化圈”通道

近年来，社交媒介的部落化倾向逐渐形成了稳定的“丧文化圈”。例如，某些微信群里充斥着负面情绪的宣泄，形成了稳定的负能量传播渠道；一些微信群则成了某些消费产品的推送渠道。很多人在享乐主义、拜物教、消费主义心态下，在金钱至上、消费至上的物欲追逐中迷失了自我。在物质社会，人性的趋利本性一旦脱离了道德和法律的轨道，就像是一匹野马横冲直撞，荒弃了精神与道义的家园。很多人的主观感受不是物质带来的满足感，而是丧失精神家园的落寞感。

随着社会变迁速度加快，青年人面临着求学难、就业难、房价高、父母赡养压力大等问题。无论是“内卷”还是“躺平”，都体现了青年内心深处的无奈和失望。面对多变的生活，他们逐渐丧失进取心，遇事无反应、不抵抗。但是，青年应理性对待“躺平”，即使通过努力和奋斗不能得到应有的回报和反馈，也应在充分思考的前提下作出选择。

学术界分析认为，丧文化流行的原因是从虚拟网络到现实生活的“拟构性”，从年轻人的自我的“主动污名”化到集体和社会的“无意识”和“有意识”，从“微时代”的情绪感染到网络时代的风气，像是微弱的火星逐渐蔓延。

“丧文化”反映出了这个社会对青年人的内心诉求的忽略，这就要求社会围绕青年成长，多一些关注，做好服务。尊重教育规律，把脉青年诉求，在价值观上引导青年人有热血、有担当、拼搏奋斗、自强不息、自尊自爱。社会的教化和国民教育的重点需要赋予青年人三大法宝。一是赋予青年人在错误的意识形态面前明辨是非、不为所动的定力，“要靠马克思主义真理的力量”[①]来匡扶正义，使得青年人在错误的价值观面前有智慧、有勇气、有底气来抵制。二是赋予青年人实现第二个百年目标，建设社会主义现代化强国的动力。青年人是社会的中流砥柱，是国家的宏伟建设目标的主要担当者，需要将个人理想融入社会理想的事业追求中。三是赋予青年人绽放青春的活力。为青年人多创造机会，在人才培养的战略目标的实现过程中，多聆听青年人的心声，反馈青年人的心理诉求，为青年人成才铺路。国家政府部门、教育机构和社会团体等联动配合，促进青年人的顺利成才和创业，从而使中华民族伟大复兴的中国梦“在一代代青年的接力奋斗中变为现实”[②]。

中国古代圣贤有卓越的智慧，有对社会、对人性的通达明晰的洞察，也有修

---

① 中共中央文献研究室编：《习近平关于社会主义文化建设论述摘编》，中央文献出版社 2017 年版，第 28 页。

② 习近平：《决胜全面建成小康社会　夺取新时代中国特色社会主义伟大胜利——在中国共产党第十九次全国代表大会上的报告》，人民出版社 2017 年版，第 70 页。

身养性的很多方略。“仁者爱人”的儒家关怀注重道德、礼教、仁义，要求自觉遵从真和善。青年一代应该汲取传统文化的思想精髓，摆脱丧文化这种亚文化的负面影响，神采奕奕，信心满满，笑起来，站起来，走出来，通过自省自律，为自己的人生赢得广阔的天地。

三、触及痛点穴位，打通脉络，找寻治病良方

（一）找寻药方的引子

探寻“人文关怀”和“儒家关怀”的文化基因，通穴位的同时，打通东西之脉络。善于汲取东西方伦理精神的人道关怀主旨，从东西方一切优秀的精神成果中，珍视高层次的人文素养的价值引导。

青年人要学会明辨是非，杜绝盲目从众，培养独立判断能力。青年是祖国的未来，应弘扬主旋律，传播正能量。第一，要在新媒体环境中避免盲目跟风。随着科学技术的日新月异，网络成为青年人情绪的发泄地，各种各样的情绪都会被释放出来。在此状况下，青年人应提高自身对错误道德观念的辨别力和抵抗力，不被消极情绪带偏，不随波逐流，处理网络信息时做到不偏信、不盲从、不妄断。第二，要勇于创新。青年人是最富有想象力和创造力的群体，新时代青年应拒绝墨守成规，勇于尝试新事物，积极用新方法解决生活中难题，营造和谐社会环境。丧文化所带来的负面影响，易使青年人自身产生焦虑、愤恨等不良情绪，在不理智的情况下，有的甚至会做出不当行为。青年人应积极抵制“反主流”思想的传播，培养独立判断和理性思考能力，这种能力不仅体现在思想上，也要应用于实践中，不做思想上的巨人、行动上的矮子。第三，在学习型社会的氛围中提升文化素养，学习一切优秀文明的伦理精神成果。强化“四史”教育，把学习看作一种责任和生活方式，优化知识结构，筑牢知识根基。在新时代，青年要有责任、有担当地表现出有志气、有骨气、有底气的风采。

（二）重塑心灵，内修灵魂

青年人需要克服消极态度，保持积极乐观。健康向上的人生态度，有利于增强学习创新的热情，有利于坚定克服困难的信心，有利于激发工作、学习和生活的积极性。克服消极态度，首先要用主流思想武装头脑，汲取优秀传统文化的智慧，主动学习习近平新时代中国特色社会主义思想，认同社会主义核心价值观，树立正确的世界观、人生观和价值观。汲取儒家思想的精华，在实践中推动儒家思想在新时代的发展。其次要对生活和未来充满信心。罗曼·罗兰

(Romain Rolland)曾说:“世界上只有一种英雄主义,就是看清生活的真相之后依然热爱生活。”[①]青年群体应树立目标,对生活充满希望,即使在“内卷”的情况下,也要正确对待并珍惜生活中的每分每秒,微笑面对。竞争本身没有错,但是埋怨他人积极进取,而放任自己随波逐流却是一种消极心态,不能因他人努力而逃避自我努力。青年应对自己充满信心,在直面现实的同时激发自我上进心,用社会主义理想和信念来筑牢精神家园。

与此同时,青年人需要消除畏难情绪,增强攻关克难的勇气。畏难心理是遇到困难时找理由逃避、拖延的一种心理状态。拥有畏难情绪不仅不利于事情的解决,反而导致自身精神状态低迷,工作和生活难以推进。消除畏难情绪,一是要提高抗挫折能力。在家长的保护下,有些青年人缺乏抗挫折经验,在独立面对挫折时往往束手无策,甚至产生“输不起”的心态。青年人应正确看待困难与挫折,即使失败也并不可怕,学会在失败中总结经验、吸取教训,把失败当作成功路上必不可少的环节,锻炼自己的意志品质。二是要学习榜样人物,在实践中增强攻关克难的勇气。青年人应积极向榜样人物学习不断进取的精神,学习遇事冷静分析的态度,学习不埋怨社会不公、不抱怨苦难重重、直面挫折的品格,学习榜样人物身上的优秀品质,做到内化于心、外化于行,并应用于现实生活中。三是远离“丧文化”圈,多结交正能量的朋友圈,用积极的心态多向优秀人物看齐。

(三)构建“心存仁义、仁者爱人”的命运共同体

在“丧文化”等网络亚文化的影响下,人们精神家园遭遇了理想缺失、畏缩胆怯、盲目从众、价值混乱的破坏,从而出现了一系列社会不良现象。正是精神家园建设的不完善,影响了多数人的心理状态和行为表现。没有积极心态的人,可谓行尸走肉;缺乏健康精神的民族,没有光明前途。因此,走进精神家园,培养积极的心态,是学生成长成才过程中的精神保障,是青年人发展道路上的精神支撑,也是社会进步的精神动力。

抵制平庸无为,追求卓越出彩。一是要强化责任担当。青年人应主动学好科学文化知识,做好本职工作,练就过硬本领,自觉承担起社会赋予每个人的责任。青年人本该志存高远,但有些青年非但没有远大的志向和抱负,甚至还嘲笑他人所具有的责任感和使命感,这是不正确的心态在作祟。二是要脚踏实

---

① [法]罗曼·罗兰:《名人传》,苗君仪译,光明日报出版社2009年版,第234页。

地，追求卓越，用行动证明自己的价值。有些人不相信理想可以实现，所以不为理想而努力。没有付诸实际行动，理想就更不会实现，如此循环，导致平庸无为。实现理想，不仅需要认真做事，还需要用心做事，发挥“工匠精神”，才有可能成就卓越人生。新时代青年应深入社会，以实际行动实现自我价值和社会价值。

习近平总书记说过：“现在，青春是用来奋斗的；将来，青春是用来回忆的。”[①]最酷的青春，不该由丧文化定义，而应是用奋斗的汗水浇筑的梦想大厦。面对百年未有之大变局，新时代青年应该有理想、有本领、有担当。习近平总书记 2018 年 5 月 2 日在北京大学师生座谈会上对广大青年提出了四点希望：爱国、励志、求真、力行。[②] 这意味着青年人应具备家国情怀，开阔眼界，勤学好问，严于律己，宽以待人，力求完美。

针对目前青年群体所关注的“内卷”“躺平”“丧文化”“佛系”等消极现象，需以马克思主义科学理论为指导，弘扬主旋律，积极引导青年砥砺前行，敢于挑战，勇当时代“弄潮儿”。习近平总书记指出：“未来属于青年，希望寄予青年。”[③]新时代青年在和谐稳定的环境中健康成长，享受着发展成果，有更加便利的物质条件作支撑。面对第二个百年奋斗目标，教育的核心任务是培养“强国一代”，即培育积极进取的投身于中华民族伟大复兴事业、为建设社会主义现代化强国建功立业的青年一代。青春苦短，过不再来。唯有肩负起国家民族梦、扛起家庭责任梦，才是灿烂无悔的青春。

---

① 中共中央文献研究室编：《习近平关于青少年和共青团工作论述摘编》，中央文献出版社 2017 年版，第 48 页。

② 参见习近平：《在北京大学师生座谈会上的讲话》，人民出版社 2018 年版，第 11～14 页。

③ 习近平：《在庆祝中国共产党成立 100 周年大会上的讲话》，《求是》2021 年第 14 期。

一个人如果不是真正有道德，就不可能真正有智慧。

——赫拉克利特

第六章　伦理建设路径

从儒家关怀与人文关怀相结合的视角来探寻新时代伦理建设问题的应对之道，需要更多的智慧方略。其关键在于如何解析和把握道德现象的规律，如何全方位整合伦理建设之路。寻求全球伦理框架下的道德人格塑造，更新教育观念，推进人文教育，用中华优秀传统道德塑造道德人格。从儒家的“仁者爱人”，到现代的“人文关怀”契合下的道义上的善，这是我们维系和谐人际关系的唯一亮光，也只有借助这样的道德力量，人们才能汇聚起完善制度、规范行为的力量。

伦理建设的重点是如何实现制度公正。虽然强调制度，但这个过程离不开人的主体性因素，需要注入人文精神。因此人文关怀与实现社会正义的价值目标是吻合的，符合人民对美好生活的向往。而且制度建设的主题无论是引领还是参与，都离不开主体道德素质的提升，而本书的研究难点之一恰是从心理学角度对人性进行拷问，深入剖析主客观原因，从传统文化精神出发来总结人文主义在新时代的内涵，并针对新时代、新要求探寻伦理建设的路径。

善治是有益于人民的政治措施和政绩。子曰：“为政以德，譬如北辰，居其所而众星共之。”（《论语·为政》）意思是说，以道德教化来治理政事（为政者心要正直，行要正直），就会像北极星那样，自己居于一定的方位，而群星会环绕在其周围。善治是礼法合治。中国传统社会的治国经验就是“礼法合治”“德主刑辅”。礼在我国有几千年的历史，对人们的行为有潜移默化的影响，其内化于心、外化于行，是我国古代治国理政的重要经验。在社会主义法治建设中，应当注重发挥“礼”对行为的调整作用，以促进法律的有效实施，从而实现良好的社会治理效果。中共十八届四中全会决议指出，坚持依法治国和以德治国相结合。一方面，要在全面推进依法治国的过程中充分发挥道德的教化作用。法律是最低限度的道德规则，其调整范围是十分有限的，大量的生活领域还主要依靠道德规则进行调整。国无德不兴，人无德不立。司马迁在《史记·太史公自序》中也有言：“礼禁未然之前，法施已然之后。”这就是说，道德规则重在对个人行为进行事先的教化，重在对相关违法行为进行预防，而法律规则主要是对违法行为进行制裁，主要进行事后的惩戒。从今天来看，法律也要积极发挥预防和引导的功能，而社会的道德教化是法律能够有效实施的前提，法治本身就是一种规则之治，只有全社会人人诚实守信，崇尚道德，遵守规矩，才能奠定良好的法治基础。另一方面，需要充分实现法律和道德的互动，以法治体现道德理念、强化法律对道德建设的促进作用，以道德滋养法治精神，强化道德对法治文化的支撑作用，实现法律和道德相辅相成、法治和德治相得益彰。

第一节　伦理建设的引领——善治

儒家关怀思想蕴含着执政伦理。孔子说：“君子求诸己，小人求诸人。”（《论语·卫灵公》）强调反躬自省，自我约束，自我超越，以维护人际关系和社会秩序的和谐与稳定。《大学》说，“古之欲明明德于天下者，先治其国；欲治其国者，先齐其家；欲齐其家者，先修其身”，“身修而后家齐，家齐而后国治，国治而后天下平”，“自天子以至于庶人，壹是皆以修身为本”。《中庸》也说：“知所以修身，则知所以治人；知所以治人，则知所以治天下国家矣。”孔子强调修身要从自身做起，“君子求诸己”“躬身厚而薄责于人”，却又感叹“知德者鲜矣”。孟子视修身为治国平天下之本：“天下之本在国，国之本在家，家之本在身。”（《孟子·离娄上》）强调要通过修身，达到“养浩然之气”的目的。《管子》一书认为执政者首先应该是道德高尚之人，“大德不至仁，不可以授国柄”。董仲舒指出：“教，政之本也；狱，政之末也。”（《春秋繁露·精华》）唐太宗认为修身与治国的关系是“君天下者，惟须正身修德而已”（《贞观政要》）。韩愈认为，执政者要有所作为，首重修身，“古之所谓正心而诚意者，将以有为也”（《原道》）。

儒家所讲的“修身”的终极目标是“修己以安百姓”，亦即“内圣外王”。理想的人格目标应该是“修己以敬”，“安人”和“安百姓”由内而外，由己及人，修身正己而天下平，这样的人格就是君子。其中“修己”是基础，“安人”和“安百姓”则是“修己”的外在实现和功能表现。《大学》中所谓“八条目”即“格物、致知、诚意、正心、修身、齐家、治国、平天下”，就是按照由内而外、由体到用的顺序进行安排的，前五个条目是“修己”，后三个条目是“安人”和“安百姓”。若按照儒家的传统来讲，前五条是“内圣”，后三条是“外王”，“内圣”是“外王”的基础，“外王”是“内圣”的应用。

从政治理念来讲，天子之“内圣”显然要重于庶人。因此，孔子说：“为政以德，譬如北辰，居其所而众星共之。”（《论语·为政》）儒家主张“道之以政，齐之以刑，民免而无耻；道之以德，齐之以礼，有耻且格”（《论语·为政》）。因此，孔子主张天子一定要“恭己”，只有这样才能由“内圣”开启“外王”，从而实现天下大治。当鲁国的上卿季康问政于孔子时，孔子说：“政者，正也。子帅以正，孰敢不正？”（《论语·颜渊》）在孔子看来，执政者的德行如雷之力、风之行，对社会造成的影响是相当巨大的。故其言：“君子之德风，小人之德草。草上之风，必偃。”制度公正离不开一定的法（包括法律、政策和纪律）和道德体系。制度公正，主要是法律的公正与道德的公正。

政治从来离不开人心指向，而人心指向、人的尊严与正义，从来都是公平正义的价值目标。在人类漫长的文明进程中，政治本真的趋善性没有改变过。善治是一个社会良性发展的必需品，是人类利益实现的权威性保障，也是一个政权合法性的必然来源。以人为本，体现出对人的人格与尊严的维护，突出人文关怀，符合人类社会追求的公平与正义的价值目标。而现代人文关怀所蕴含的人文精神是东西方文化共同的精神财富。

儒家思想不仅是道德哲学、生活哲学，还是政治哲学，主要体现在孟子的“仁政”主张和民本思想，主张“德治”“轻刑薄税”“听政于国人”“与民同乐”。儒家还提出廉政的思想，孟子提出“仁民”的政德思想，“老吾老以及人之老；幼吾幼以及人之幼”，为政清廉不仅自身廉洁，还要关心老百姓疾苦，为民兴利等。现代的廉政建设也不妨借鉴一二。孔子说：“其身正，不令而行，其身不正，虽令不从。”（《论语·子路》）意思是说，官员的伦理行为，昭示着社会的伦理导向，是整个社会道德的表率，官位不是为自己谋利的机器，而是为百姓造福的手段。

孔子坚持“以不贪为宝”的执政美德，但并不提倡拒收劳动应得的财物报酬。他曾说：“自行束脩以上，吾未尝无诲焉。”（《论语·述而》）只要主动给我一束干肉,我从没有不教诲的。但是,孔子对于财物取得,规定了严格的道德界限,那就是:这项财物的取得,要看是否适宜、合理,也就是遇到财物,要仔细掂量,看这财物自己该不该拿,拿了是否合乎道义。凡不是理应取得的符合自己劳动输出的财物,皆属不义之财,是决不能伸手来取的。所以他规定,一定要“见得思义”(《论语·子张》)。他又说:“义然后取,人不厌其取。”(《论语·宪问》)意思是,如果认定是你应该取得的合理财物,这时你再去取,就不会引起人们的厌恶。

孔子不拒绝富有,但此项富有的取得,也一定要合于该取的“义”道。他指出:“富与贵,是人之所欲也,不以其道得之,不处也。贫与贱,是人之所恶也,不以其道得之,不去也。”(《论语·里仁》)发大财,做大官,这是人们所盼望的,但是要用正当的方法取得。贫困和下贱,这是人们所厌恶的,但是,如果是通过不正当的手段摆脱这种境遇,人们宁可受穷,也是绝不会接受的。

所以,孔子的态度是:“饭疏食,饮水,曲肱而枕之,乐亦在其中矣。不义而富且贵,于我如浮云。”(《论语·述而》)吃粗粮,喝冷水,弯着胳膊做枕头,我也觉得很高兴。通过不正当的手段取得的富和贵,对我来说,好像天上飘过的浮云,一点也不值得留恋。孔子以坚定的态度,在金钱与诱惑面前,为人们树立了崇高的道德榜样。

以“仁”为核心的儒家政治思想,闪烁着民主、民生的光芒,在历史的变迁中融入中华民族的血液之中,影响着中国人的政治活动。尽管有其历史局限性,但它“礼治”的秩序思想、“德治”和“人治”主张,都对当今政治有借鉴意义。

善治理论与实践在20世纪90年代蓬勃兴起。“善治”主题涉及政治伦理学,更多的是研究和探索政治的秩序性与道德性的问题,其实质就是回答政治与道德的关系问题,研究政治的规范性边缘,力求解决政治的善的指向性,帮助民众了解国家政体的道德指向性,以及规范政治行为人,即领袖、公务员的政治道德行为,更多地还政治以本真的面目,将人们对政治的思考还原为一种与个体切身权益紧密相连的常理性思考。

党的十八大以来,以习近平同志为核心的党中央高度重视推进国家治理体系和治理能力现代化建设,对加强和创新社会治理提出了新的目标,倡导“善治有为”。学术界也就这个主题展开了丰富的论述,“良法善治”一度成为使用频率较高的核心词。

“善治”本身有其学理定位和现实延展,可以从中国古代的政治伦理中追溯其思想渊源，从中国优秀的传统政治文化中探寻智慧方略。这些内容可以启发我们从西方的人文关怀、契约精神、民主法治视野找寻“善治”概念在中西方的区别与联系。

一、以人为本的伦理导向

以人为本的伦理导向是传承儒家关怀传统的思想主脉。无论是在古代，还是现代社会中的伦理实践，正面的形象塑造以及社会效应都是不容忽视的。这种主观形象塑造的重点集中体现在孔子所解读的执政伦理方面。从儒家“仁者爱人”的核心价值中观探寻出人文关怀的温度，从中国传统政治文化思想——老子的《道德经》中感受政治哲学的智慧之光。老子提出系统性的“善治”社会管理理论，即无为而治，重视民生，同时通过对现代人文关怀的解读和把握找寻“善治”的思想渊源，让大爱大智慧下的“善治”引领伦理建设。

二、民心所向的政治基调

民心所向的政治基调从古至今，一脉相承。中国古代漫长的封建社会展现出的是忠孝节义中的忠君伦理，但都从未脱离一个真相，那就是“民意不可违”的“民为贵，君为轻”的客观事实。这意味人民群众创造历史这一社会发展的客观规律是不容置疑的事实。在信息化时代，舆论新媒体铺天盖地席卷而来的力量更是将民众的信息获知力和民意传达力推向极致。在推进国家治理体系和治理能力现代化的过程中，民意的传达与感知，更是政治伦理建设的必要一环。

三、寻求正义的政治旨趣

现代化国家治理体系建设中，寻求正义的政治旨趣从来都是“以人民为中心”的政党引领力的核心所在。现代国家合法性的来源很大程度上离不开政府的公信力。在中国语境中，善政是实现善治的关键。而善治对于一般政治哲学的超越在于，它包含民主法治，但又不局限于民主法治，民主法治只是善治的一个必要条件而非充分条件。中国的现实与中国道路有信心也有底气为全球治理提供中国智慧和中国方案，展示国家治理能力提升与现代化国家治理体系完善过程中的中国力量，通过“善治”引领下的伦理建设，表现出关注公众福利、走向共同富裕的伦理情怀和智慧方略。

四、引领教育和教化两翼的方向盘

善治可以称作引领教育和教化两翼的方向盘。在意识形态的引导上，善治可以确保教育和教化的总体方向。习近平总书记指出："意识形态决定文化前进方向和发展道路。必须推进马克思主义中国化时代化大众化，建设具有强大凝聚力和引领力的社会主义意识形态，使全体人民在理想信念、价值理念、道德观念上紧紧团结在一起。"[①]善治意味着自上而下、上行下效的引领力在民众中间引发感召力，从而调动一切主观的影响力。

五、现代化治理效率性的保障

善治主体的人文关怀思想主脉与现代化治理的方向是高度吻合的，最直观的一点就是效率。

（一）制度和法律保障

善治的具体实施是制度伦理建设的阶段性和渐进性制度演进与完善，以实现公共利益最大化。从宏观上看，目的之"善"只是善治的抽象的、总体的"善"。在现实中，善治的公共利益最大化目标总是离不开特定的时段和场域，都是具体地体现人文关怀的"善"。现代化治理需要目的和手段的"善"的统一，需要伦理原则来框定。合理正当的政府行为是善治的共同利益最大化的目标得以实现的核心和关键，因而也是善治行为的关键的"善"和核心的"善"。制度保障可以说是重中之重。

截至 2023 年 3 月，我国现行有效法律 294 件、行政法规 598 件、地方性法规 1.3 万余件。[②] 中国特色社会主义法律体系已经基本形成，但还需适应中国特色社会主义进入新时代的新要求，从方方面面结合新的客观形势进一步完善。

从近年来的中国法治建设来看，围绕提高领导干部的法治意识和法治能力，建设德才兼备的高素质法治队伍等领域都需要满足新要求。例如 2005 年通过的《中华人民共和国公务员法》于 2017 年 9 月第十二届全国人大常委会第二十九次会议修正，在 2018 年 12 月第十三届全国人大常委会第七次会议修

① 习近平：《决胜全面建成小康社会 夺取新时代中国特色社会主义伟大胜利——在中国共产党第十九次全国代表大会上的报告》，人民出版社 2017 年版，第 41 页。

② 参见《良法善治开新篇——以习近平同志为核心的党中央引领建设中国特色社会主义法治体系纪实》，《人民日报》2023 年 3 月 15 日。

订。新修订的公务员法于2019年正式启用，其中第35条指出，公务员的考核应当按照管理权限，全面考核公务员的德、能、勤、绩、廉，重点考核政治素质和工作实绩。

（二）强化监督，转变工作作风

在现代化科学治理的过程中，政府的公信力的提升、从效率性政府到效率性社会，都需要“善治”，这也是改善民生、彰显民意的伦理建设实践的路径。新时代是承前启后、继往开来、在新的历史条件下继续夺取中国特色社会主义伟大胜利的时代，是决胜全面建成小康社会进而全面建设社会主义现代化强国的时代。新时代坚持中国特色社会主义法治道路。全面推进依法治国必须走对路，我们既不走封闭僵化的老路，也不走改旗易帜的邪路，而是要从中国国情实际出发，传承中华优秀传统法律文化，从我国革命、建设、改革的实践中探索适合自己的法治道路，为全面建设社会主义现代化国家、实现中华民族伟大复兴夯实法治基础。我们要学习借鉴人类法治文明的有益成果，但决不能照搬别国模式和做法，绝不能走西方“宪政”“三权鼎立”“司法独立”的路子。

政府部门服务职能愈来愈得到强化，针对行政效率不断完善监督机制并将之纳入法律的轨道，加强对政府部门及工作人员的监督。其具体措施包括：进一步转变观念，完善群众监督机制，扩大公众知情权，不断提高行政管理活动的透明度；建立各部门之间互相监督的协调配套机制，在政府部门内部建立独立运行的监督机构，并强化对监督者的监督；完善监督方式，改变以事后监督为主的现状，建立起以事前监督和事中监督为主的、三种监督方式有机结合的科学的监督体系，改被动监督为主动监督，防患于未然；健全舆论监督，营造良好的社会氛围。只有不断完善监督机制，政府部门工作人员切身感受到自己肩上责任的重大，才能变自发为自觉，积极主动地为人民群众排忧解难。另外，还要采取有效措施，转变行政人员的工作作风，提高其为人民服务的意识。首先，必须推动政府职能的转变，这是转变政府机构工作人员工作作风、提高服务意识的前提。根据新公共服务理论的观点，为公民提供良好的服务是政府的根本职能。因此，各级政府必须遵循“以人为本”的原则，重视公民的权益与诉求，关注大众的需要，并为满足民众的需求而不懈努力。其次，服务型政府的建设有利于提高政府机构及其工作人员的服务意识，反之亦然，两者相辅相成。因此，必须大力推进服务型政府建设，这也是深化行政管理体制改革的应有之义。

政府机构中一度存在“不作为”的现象，行政人员不求有功，但求无过，说空话，不作为，或者是搞形式主义。要改变这种现象，必须彻底纠正不正之风，督促政府机关和人员为人民群众办实事，不断提高政府机关的执行力。

第二节　伦理建设的“两翼”

伦理建设的“两翼”是教化与教育，之所以被比喻成“两翼”，是为了强调中国式现代化需要教育的支撑与社会教化的辅佐。两者相辅相成，相互融合，推进伦理建设带动社会文明发展。

“教化”一词指儒家所提倡的政以体化、教以效化、民以风化，也指环境影响。“教育”一词来源于孟子的“得天下英才而教育之”(《孟子·尽心上》)。教育狭义上指专门组织的学校教育，广义上指影响人的身心发展的社会实践活动。

“教化”与“教育”仅一字之差，但其“术”与“道”却各有千秋。简单说，教化更原始，针对面更广；教育是专业，有特定的对象。教化把政教风化、教育感化、环境影响等有形和无形的手段综合起来，通过多种形式，既向人们正面灌输道理，又注意结合日常活动使人们在不知不觉中达事明理，在很多领域其效果要比单纯的教育深刻而又牢固得多。

正因为如此，自古以来凡有见识的政治家都十分重视教化的作用，把教化当作正风俗、治国家的重要国策。《礼记·经解》中说：“故礼之教化也微，其止邪也于未形。”西汉董仲舒把教化比作阻止洪水的堤防，“夫万民之从利也，如水之走下，不以教化堤防之，不能止也。是故教化立而奸邪皆止者，其堤防完也；教化废而奸邪并出，刑罚不能胜者，其堤防坏也。古之王者明于此，是故南面而治天下，莫不以教化为大务，立太学以教于国，设庠序以化于邑，渐民以仁，摩民以谊，节民以礼，故其刑罚甚轻而禁不犯者，教化行而习俗美也”(《汉书·董仲舒传》)。

一、伦理教化路径

(一)继承发扬中华优秀传统文化

对待传统文化的态度应该是取其精华，去其糟粕，批判继承，古为今用，面向世界，博采众长。吸收有益的外来文化，以我为主，为我所用。反对历史虚无主义、守旧主义。批判地继承传统文化,不断推陈出新,革故鼎新,为传统文化注入时代精神。

道德一经产生,就会作为历史遗产流传下来,在客观上就有一个如何对待的问题。古是昨日今,今是明日古;观今宜鉴古,无古不成今。社会主义道德建设,要批判地继承历史上优秀的道德传统。中国传统道德以儒家伦理道德为主要内容并包括墨家、道家、法家等传统伦理道德思想,源远流长、内容丰富。但中国传统道德又是一个矛盾体,具有鲜明的两重性:属于精华的部分,表现出积极、革新、进步的一面;属于糟粕的部分,则表现出消极、保守、落后的一面。中华传统美德作为中国传统道德的精华部分,为今天的道德建设提供了丰富的资源,要在去粗取精、去伪存真的基础上坚持古为今用、推陈出新,努力实现中华传统美德的创造性转化和创新性发展。因此,对待传统道德应坚持以下原则。

第一,加强对传统美德的挖掘和阐发。任何道德都是具体历史时代的产物。中华传统美德是经过漫长的社会发展而形成的,不可避免地打上了传统社会的印记,在内容和形式上或多或少地存在与今天的现实生活不相适应的地方。弘扬中华传统美德,必须通过科学的分析和鉴别,把其中带有阶级性和时代局限性的成分剔除出去,把其中具有当代价值的道德精神发掘出来,总结传统美德中丰富的思想道德资源,对中华传统美德的德目、观点进行新的诠释和激活,结合现代生活赋予其新的时代内涵,努力推动中华传统美德的创造性转化和创新性发展。儒家所提倡的仁、义、礼、智、信、忠、孝、诚、恕等观念,在剔除其历史负面性之后,完全可以提炼、活化它的合理因素,渗透到今天的生活中去,作为正面的、积极的、健康的力量参与现代化的建设,来治疗现代社会的疾病。

第二,用传统美德滋养社会主义道德。要把传统道德作为当代中国社会主义道德建设的重要资源和凭借,实现新道德与传统美德的对接与完善。新道德建设,一方面离不开变化了的社会生活实践这个"源",另一方面也离不开传统美德的文化根基。传统伦理道德是一个包含多层次的复杂体系,不同层次在现代社会中的作用和意义是不一样的。就儒家伦理的内容而言,大致可分为三个层次:一是其核心精神即"仁"学,是关于人与人之间关系的最一般的价值精神;二是其特定的社会伦理价值观,如三纲五常、家族本位、忠孝等;三是日常生活中为人处世的一般的行为准则,如义、智、恭、宽、信、敏、中庸等。如传统社会生活中讲忠诚于事、忠诚于人的精;行业道德中讲究信誉、勤勉敬业精神,讲究人与人之间的诚信精神;家族道德中讲究亲情孝道、和睦团结的精神;个体道德中讲究个人修养、追求美德的精神;全社会中讲究礼仪、维护秩序的精神等都是可以继承的。涉及人类基本道德的思想精华,如"己所不欲,勿施于人""己欲立而立人,己欲达而达人"的忠恕之道、"自强不息"的进取精神、"宁俭勿奢"的自律精神和"重群克己"的合作精神等都是值得推崇的。结合时代的要求,按照是否有利于推动中国特色社会主义事业,是否有利于建设社会主义道德体系,是否有利于培育和践行社会主义核心价值观的标准,坚持古为今用、推陈出新的原则,赋予社会主义道德和共产主义道德以鲜明的民族特色。要立足面向大众、服务人民发挥中华传统美德人伦日用的化育功能,使传统美德与日常生活水乳交融,使传统美德中蕴含的伦理精神点点滴滴地导入生活并生根发酵,产生化育的功能,不断丰富人们的精神世界,迸发精神力量。

第三,以开放的胸怀和视野吸收人类文明的有益道德成果。当今任何民族和国家的文明发展和道德进步,都不可能不受到其他民族或国家的文化和道德文明成果的影响,都不可能脱离人类文明发展的大道。世界上许多民族在发展的不同时期,对人类文明都作出过贡献。西方许多思想家对道德的起源和本质、道德的原则和规范、道德品质、道德评价、道德教育和修养等进行了探讨,其中不乏真知灼见,极大地丰富了人类社会共同的文明成果。对待西方文明成果,要坚持马克思主义的立场、观点和方法,坚持以我为主、为我所用的原则,既反对全盘西化、机械照搬,又反对全盘否定、盲目排外,在批判的基础上借鉴吸收其对今天的中国有积极意义的精华。不但要有全球的眼光、世界的意识,而且不能消解民族的自尊心和自信心,不能失去对民族文化的认同。在对待中国传统道德、弘扬中华传统美德的问题上,要反对两种错误观点。一种是全盘复古论,即不加分析地全面继承一个民族的文化思想。持此观点的人认为我国之所以出现道德滑坡,就是因为传统文化特别是儒家传统道德的失落,所以道德建设的最终目标就是要恢复中国"固有文化",形成以中华传统文化为主体的道德体系,并通过这种传统道德的复兴来衍生出现代的科学民主,即所谓的"返本开新"。另一种是历史虚无主义,即对传统道德不加分析地全面否定。其主要表现为对中国几千年的文化遗产不区分精华和糟粕,全盘加以否定,主张全盘西化。以上两种思潮对传统道德均采取形而上学的态度,割裂了道德的历史与发展的关系,否定了道德的历史进步性,对于发展中华民族的优良道德传统和建设社会主义新道德极端有害。要树立高度的文化自觉和文化自信,维护民族文化基本元素，加强对优秀传统道德传承体系的建设，使中华传统美德成为新时代鼓舞人民前进的精神力量。

新时代赋予我们机遇和挑战，同时提醒我们要坚持正确的方向，树立高度的文化自觉、文化自信，坚持对传统文化的创新。立足实践，坚持人民群众的主体地位。坚持中华文化立场，尊重自己民族的文化，培育、发展好的民族文化。推动中华优秀传统文化创造性转化和创新性发展，结合新的时代条件和实践要求，对其内涵和表现形式加以拓展、补充、完善，赋予其新的时代内涵和表现形式，充分展现中华文化独特魅力和时代价值。继承是发展的必要前提，发展是继承的必然要求。要把握好文化继承与发展的关系，在继承的基础上发展，在发展的过程中继承，批判地继承传统文化，不断推陈出新，革故鼎新。

习近平总书记在党的十九大报告中指出："文化是一个国家、一个民族的灵魂。文化兴国运兴，文化强民族强。"①文化对于国家的兴旺、民族的发展具有重大作用。习近平总书记深刻认识到中华优秀传统文化的价值与意义，并将其作为治国理政的重要思想文化资源，深刻阐释了中华优秀传统文化是中华民族的根与魂，是最深厚的国家文化软实力，是中国特色社会主义根植的沃土，是民族坚定文化自信的力量源泉。

在中华民族5000多年的历史长河中，无数中华儿女努力劳作、奋进拼搏，创造了源远流长、博大精深的中华优秀传统文化，为中华民族的生生不息、发展壮大提供了强大的精神支撑。中华优秀传统文化中的思想观念、人文精神、道德规范、意志品质等不仅承载着先辈的智慧精髓，更是滋养当代中国人精神世界、提振当代中国人精神的源头活水和不竭动力。尊重中华优秀传统文化，就是尊重中华民族的历史根脉与精神追求，就是尊重中华儿女的勤劳奋斗与实践探索，就是尊重中国人的不懈追求与文化需要。习近平总书记指出，抛弃传统、丢掉根本，就等于割断了自己的精神命脉，历史和现实都表明，一个抛弃了或者背叛了自己历史文化的民族，不仅不可能发展起来，而且很可能上演一幕幕历史悲剧。

中华优秀传统文化自"轴心时代"至今，依然焕发着生机活力，从未中断，究其根源，在于中华优秀传统文化强大的感召力、吸引力和影响力。中华优秀传统文化以其和合共生、天下大同的发展理念，求同存异、兼容并包的处事方法，

---

① 习近平：《决胜全面建成小康社会　夺取新时代中国特色社会主义伟大胜利——在中国共产党第十九次全国代表大会上的报告》，人民出版社2017年版，第40～41页。

振兴中华民族复兴的爱国情怀，惠民利民、安民富民的人文精神等，在世界文明的历史进程中独树一帜，是中华民族的宝贵精神财富。[①]

（二）兴建社区文化

道德滑坡、堕落甚至沦丧是社会中某些令人不齿的行为的源头。防范道德滑坡，整个社会人人有责，因为生活节奏加快的信息化社会急需整个社会风气由上至下的好转，使人与人之间的互动关系能够有一种社区的亲切感，而不是人口频繁流动带来的陌生感与不负责任感。

社区是市场经济引起社会结构变革所产生的新的社会组织形式，社区所营造的是一种新型的社会生活方式，也是群众十分重要的精神家园。在社区大力发展和繁荣群众文化，是新时代赋予文化人的光荣使命，必须重视对社区文化的研究，探索社区文化建设的路子，促进社区文化的健康发展。

社区中的群众文化艺术工作建设与发展是社区建设工作中不可或缺的重要内容。其基本要求是：积极发展社区文化事业，加强思想文化阵地建设，以“为居民服务，为社区服务”为宗旨，不断完善公益性群众文化设施，鼓励单位和个人兴建有偿性文化设施，开展有益于提高居民思想道德水平和科学素质的活动；运用各种有效形式和方法，进行爱国主义、集体主义、社会主义教育及党的基本路线教育、社会公德教育、家庭伦理道德教育、卫生健康教育、优生优育教育、法制教育等；充分发挥社区内各类人才的作用，组织开展丰富多彩、群众喜闻乐见的文化活动。

随着群众生活水平的日益提高，对文化生活的需要也日益强烈，人们追求开放式的科学生活方式，要求更丰富多彩的文化娱乐生活和更高档次的文化设施。为了满足广大人民群众的要求，以物质条件为基础，建立文化站、文化室，成立各种学会、协会，开展各种形式的秧歌、健身操等文化娱乐活动，使群众在文化活动中尽情地发挥自己的特长和能力，不断地更新活动内容，不断地创造适合自娱自乐的活动形式，体现社区群众文化的特点，为丰富社区文化奠定了基础。从宏观上看，社区文化是城市的形象品牌工程，它的建设水平直接体现一个城市的现代化水准，是城市物质文明建设、精神文明建设统一协调的主要标志；从微观上看，社区文化建设可以给每个社区成员带来实实在在的好处。

---

① 参见中央党校（国家行政学院）习近平新时代中国特色社会主义思想研究中心：《继承和弘扬中华优秀传统文化》，2019 年 10 月 10 日，http://theory.people.com.cn/n1/2019/1010/c40531-31390835.html。

丰富多彩、雅俗共赏的社区文化活动使社区群众获得身心的愉悦，还可以寓教于乐，使社会成员整体文化素养得到提高。另外，社区文化的内涵包括消除都市化的种种负面效应，化解人群之间的疏离和冷漠，提高精神生活质量，增强社区的凝聚力。从新时代的中国乡村和城市来看，其成果是显著的。城市的社区建设井然有序，从环境到人文都有了很大提升。在广大乡村，随着"美丽乡村""乡村振兴"等战略的着力实施，民众的满意度与日俱增。社区文化建设如火如荼，带来了积极效应。

（三）传递社会正能量，表彰宣传道德模范

习近平总书记在新中国成立70周年之际，对全国道德模范表彰活动作出重要指示。全国道德模范体现了热爱祖国、奉献人民的家国情怀，自强不息、砥砺前行的奋斗精神，积极进取、崇德向善的高尚情操。要广泛宣传道德模范的先进事迹，弘扬道德模范高尚品格，引导人们向道德模范学习，争做崇高道德的践行者、文明风尚的维护者、美好生活的创造者。要培育和践行社会主义核心价值观，推进社会公德、职业道德、家庭美德、个人品德建设，深化群众性精神文明创建活动，着力培养担当民族复兴大任的时代新人，让社会主义道德的阳光温暖人间，让文明的雨露滋润社会，为奋进新时代、共筑中国梦提供强大精神力量和道德支撑。这对倡导好风尚、弘扬正能量、促进全社会向上向善具有十分重要的意义。

党的十九大报告提出，要提高人民思想觉悟、道德水准、文明素养，提高全社会文明程度。广泛开展理想信念教育，深化中国特色社会主义和中国梦宣传教育，弘扬民族精神和时代精神，加强爱国主义、集体主义、社会主义教育、引导人们树立正确的历史观、民族观、国家观、文化观。为此，继承和弘扬中华民族的传统美德，结合建设社会主义核心价值体系，树立和践行社会主义荣辱观，努力塑造爱国、守法、诚信、敬业的优良品质，深入开展公民道德建设，形成道德建设的强大动力势在必行。

党的二十大报告指出，要提高全社会文明程度，实施公民道德建设工程，弘扬中华传统美德，加强家庭家教家风建设，加强和改进未成年人思想道德建设，推动明大德、守公德、严私德，提高人民道德水准和文明素养。

树立榜样、发挥榜样的示范辐射作用，能够在更大程度上从实效出发，倡导社会的好风尚。形成良好的社会风尚，不仅是社会对其成员的要求，更是每个社会成员内心的呼唤，是社会进步与良性社会发展的需要。近年来主流媒体评

选出的全国道德模范就是社会道德建设的重要旗帜，他们在奉献中充实自己，在助人中愉悦自己，在执着中忘却自己，淡泊名利，不图回报，持之以恒，为践行社会主义核心价值观树立了可信、可敬、可学的榜样。在推进社会文明建设的过程中，需要充分发挥道德模范的榜样作用，大力颂扬道德模范的感人事迹和高尚情操，传播中华传统美德，弘扬民族精神和时代精神，推动公民道德建设深入发展，进而产生巨大的效应，形成知荣辱、讲正气、作奉献、促和谐的文明风尚。

榜样的力量表现出社会主义核心价值观的内涵，弘扬真善美。不可否认，社会的深刻变革、经济的快速发展、文化的相互激荡，对人们的思想观念、生活方式和价值取向产生了多方面影响，社会上不明是非、不知荣辱、不辨善恶、不分美丑的现象还在一定范围内存在，无道德、不道德、反道德的心态和行为有所滋长。深入开展学习宣传道德模范活动，就是要以建设社会主义核心价值体系为根本，以社会公德、职业道德、家庭美德、个人品德建设为基础，注重培育道德主人翁意识，使人们自觉参与道德实践，引导人们在日常工作和生活中知荣辱、守规范、明是非、分美丑、辨真假、识善恶，讲究文明礼仪、爱岗敬业、平等互爱、遵纪守法、诚实守信，激发人们争做道德建设的宣传者、实践者和捍卫者。

党的十八大以来，以习近平同志为核心的党中央高度重视公民道德建设，作出一系列重要部署，大力推动全社会传承中华优秀传统文化，践行社会主义核心价值观，学习“时代楷模”“全国道德模范”等的先进事迹，不断提高人民的思想觉悟、道德水准、文明素养。社会生活中一大批道德模范被熟悉和赞扬。他们中有 23 年来日复一日坚持在黄山悬崖上清理垃圾的“中国好人”李培生，他不仅为黄山如画的风景作出贡献，还感染带动游客文明旅游；有多年来扎根云南贫困山区的“时代楷模”张桂梅，她创办全国第一所免费女子高中，不仅改变了山区女孩的命运，也感召了很多年轻人投身山区教育事业……无论是在脱贫攻坚战场上，还是在疫情防控、抢险救灾一线，一个个逆行出征、义无反顾的普通人的身影，都折射出新时代奋斗者的高尚品德，有力印证了一个崇德向善的社会有着无限的力量。

榜样的力量传递了可贵的“中国精神”，推动了社会成员整体道德素养的提升，凝聚了精气神。实现“两个百年目标”，需要凝聚各族人民的强大合力。全国道德模范作为时代先锋，以朴实的品行、坚毅的志向、无私的奉献，感动了亿万人民。例如荣立一等功的“雷神”杜富国，其英勇无畏的军人气质蕴含着榜样无穷的力量，被评为“感动中国人物”，被授予“八一勋章”。人们无不为道德模范的人格魅力所折服，为道德模范的高尚品质所感动，也为道德模范在平凡中彰显的不凡事迹所震撼。学习全国道德模范，就是要形成“比、学、赶、超”的良好氛围，弘扬时代精神，传承艰苦奋斗、无私奉献的高尚道德情操，在全社会形成一种新的导向和激励，激发人们的内在动力，以昂扬的斗志、饱满的热情、务实的作风，投入改革开放和现代化建设的大潮中。

道德模范是推动道德建设的重要力量，是社会的宝贵财富。习近平总书记会见全国道德模范，体现了对道德模范的关心和关爱，必将推动全社会形成学习、崇尚、争当道德模范的浓厚氛围，激励广大党员群众践行社会主义核心价值体系，为实现中华民族伟大复兴的中国梦提供思想道德基础和强大精神力量。

（四）推动慈善事业的发展

深受儒家、道家和佛教影响，行侠仗义和救助弱者的精神深深烙印在中国千年的传统文化中。当前社会，需要关注并促进慈善事业的发展，这是伦理建设不可或缺的一部分。对比考察中外慈善业的发展与效果，慈善事业高效、精准目标的实现并非易事，需要智慧和坚守善良，还需要有坚守底线与原则的锐气，因为在这个过程中，善良离不开与人性的过招。慈善业并非一件简单的事，能审视出人性的复杂。善良是一种美德，但如果善良过了头，也会成为一场灾难。英国著名慈善家奥利弗·库克（Olive Cooke）跳桥自杀的消息，曾震惊全世界。这个从16岁开始就一直默默行善的可爱老奶奶，竟然选择以自杀的方式来结束自己的一生。翻看这位老人的履历，她的善良的确令人钦佩：几十年如一日地制作和售卖塑料花筹款，资助了二十余个慈善机构，还将自己的退休金全部投入慈善事业。然而，老人耗尽心血换来的不是感谢，而是受捐助者更加贪得无厌的索取。每个月，老人都会收到200多封邮件，接到无数电话。而这些邮件和电话只有一个目的，就是催她捐款。可怜的老人已经一贫如洗，但外界并没有打算放过她。因为在被资助者看来，捐款已经成为她必须履行的义务。终于，不堪重负的老人对这个世界彻底绝望，在寄给儿子250英镑后选择了自杀。你可以选择善良，但不可以善良得没有底线，没有边界，甚至没有原则。人的欲望是没有止境的。没有底线的善良，非但不会传播爱，反而还可能助长恶。因此，慈善领域也需要有配套的制度和法律做支撑，保障各行为人的正当权益。

要明确建立慈善应急机制，充分发挥慈善力量的特殊作用。明确社会组织认定为慈善组织的标准，简化相关认定程序。要进一步细化落实慈善优惠政策，在税收、金融、土地、慈善信托等方面，加大对慈善事业的政策支持力度，激发社会爱心企业、爱心人士和慈善组织的积极性。要在新时代慈善事业发展的基础上，将党中央对慈善事业的新定位体现在《慈善法》中。要进一步充实完善相关内容，将鼓励社会工作和志愿服务、个人求助、宗教慈善、社区慈善、企业慈善纳入法律规范。要进一步做好与相关法律的衔接，加大对慈善捐助者和慈善组织权益维护的政策扶持力度。

（五）扩大社会工作的范围

目前，中国社会面临人口老龄化问题。根据国家统计局第七次全国人口普查关键数据，2021 年中国老年人数相对于 2020 年增长了 5.4%，这意味着中国社会人口老龄化的问题愈加凸显。2022 年，中国人口减少 85 万，是 60 年来第一次出现这种收缩。人口老龄化意味着整个社会的养老负担会愈加沉重，老年人的社会化养老将成为社会发展的必然趋势，有关老年人的社会工作也愈发得到关注。

从儒家关怀伦理来看，亲亲、爱人、惜物三个层面构成了儒家关怀伦理的差序格局模式。特别是关怀老人，不是仅限于“孝”的层面，而是指一般意义上的养老、敬老、爱老，这是儒家一贯的优良传统。

孔子所说的关怀老人主要停留于孝的层面，孟子则在孝的基础上进一步扩展到更具普遍性的老人群体，认为让老人“老有所养”应该成为执政者关注的重点。孟子说：“五亩之宅，树之以桑，五十者可以衣帛矣。鸡豚狗彘之畜，无失其时，七十者可以食肉矣。……七十者衣帛食肉，黎民不饥不寒，然而不王者，未之有也。”（《孟子·梁惠王上》）孟子十分重视老人的地位，将其列为天下三“达尊”之一，他说：“天下有达尊三：爵一，齿一，德一。”（《孟子·公孙丑下》）这里的“齿”就是指一般意义上的老人。儒家所主张的关怀老人还表现在礼法中的“敬老”。儒家经典《中庸》载：“燕毛，所以序齿也。”朱熹注：“燕毛，祭毕而燕，则以毛发之色别长幼，为坐次也。”就是说，祭祀后举行宴会应该按照头发颜色分别老少长幼，再以之安排座次。让老者、长者优先主要是出于两方面原因：其一，在传统社会，老人是社会经验的承载者，其丰富的人生阅历和社会经验能够更为有效地指导社会活动，老人也是家族中道德秩序和情感秩序的维持者，理应得到尊重和善待；其二，老人身体每况愈下，理应得到相应的照顾和帮助。可以说，儒家养老、敬老、爱老传统给中国传统文化打上了深深的尊老烙印，如“家有一老，如有一宝”，就是对尊老的通俗化理解。再如，我国传统节日“重阳节”，又称“九九重阳节”，“九九”与“久久”音同，“九”在单位数中又是最大的，有长久、长寿的含义，故又称“老人节”，意在表达对于老人的那份特殊感情。现代社会某些活动常常有“序齿不序爵”的说法，这显然是深受儒家“尚齿”情愫和敬老、尊老传统的影响。[①]

老年社区工作是指社会工作者运用各种工作方法，改善老人与社区的关系，提高老人的自助、互助能力，促进老人的社区参与，通过老人的集体参与去改善他们的生活质量的一种服务活动和服务过程。开展老年社区工作，除了增加老年人参与社区公共事务的机会之外，还要积极组织老人自助和互助，开展各种为老服务和老人文化娱乐活动，以提高老年人晚年生活质量。总而言之，老人的能力建设、社区服务、社区康乐、社区教育、社区照顾等，应该都是开展老年社区工作的重要内容。

二、德育教育路径

（一）教育思想和理念

孔子是中国历史上伟大的教育家，他对教育业的贡献在于通过兴办私学，推动平民教育的发展，其“有教无类”的思想可以说是最早的平等教育主张，“学而时习之”“知之为知之，不知为不知”等思想影响了无数教育活动参与者。孔子的教育思想还强调终身性，即提倡“学不可以已”。孔子说：“吾十有五而志于学，三十而立，四十而不惑，五十而知天命，六十而耳顺，七十而从心所欲，不逾矩。”（《论语·为政》）由十五岁“志于学”开始，到七十岁“从心所欲，不逾矩”，其人生境界在不断提升。而孔子之所以能够做到这一点，正是终生“学而不厌”的结果。孔子通过其教育思想和实践为后世的教育开辟了一条崭新的道路。

儒家的教育思想更多的是一种道德教育，比如孔子“敬鬼神而远之”的人文主义精神，张载“为天地立心，为生民立命，为往圣继绝学，为万世开太平”的志存高远……这些对现代教育都有很大的积极意义。

社会的发展离不开教育为本的方针和战略，伦理道德学说不可缺少道德教育方面的主张或看法，因为某种道德伦理要行之有效，首先必须要让人们学习、认同以及接纳这种道德。更何况，道德与政治是密不可分的，两者价值取向也

---

① 参见韩玉胜：《儒家关怀伦理研究》，商务印书馆 2018 年版，第 192 页。

是一致的，因为一个社会不可能在道德领域与政治领域秉持两种截然相反的价值观，某些被社会普遍接受的道德准则必然也会延伸至政治领域，影响到执政者的政策制定及执政方式。

全球伦理通过道德教育使普遍伦理规范能够获得不同民族的广泛认同和支持，最终内化为个体的道德人格。很多道德危机的内因就在于道德人格的缺失，因此要寻求全球伦理框架下的道德人格塑造。更新教育观念，推进人文教育，培养道德责任感，树立集体主义观念，引导青少年逐步树立良好的道德人格，同时充分发挥校园文化的德育功能，创造健康的文化生态。

在思想政治工作视野中，人文关怀是指尊重人的主体地位和个性差异，关心人丰富多样的个体需求，激发人的主动性、积极性、创造性，促进人的自由而全面的发展。具体来说，包括层层递进又密切相关的几层含义。(1)承认人不仅作为一种物质生命的存在，更是一种精神、文化的存在。(2)教育应"以人为本"，强调人的核心地位和支配地位，肯定人的主观能动性，在潜移默化中达到教育效果。人无论是在推动社会发展还是实现自身发展方面都居于核心地位或支配地位。(3)承认人的价值，追求人的社会价值和个体价值的统一、作为手段和目的的统一。(4)尊重人的主体性。人不仅是物质生活的主体，也是政治生活、精神生活乃至整个社会生活的主体，因而也是改善人的生活、提高人的生活品质的主体。(5)关心人的多方面、多层次的需要。不仅关心人物质层面的需要，更关心人精神文化层面的需要；不仅创造条件满足人的生存需要、享受需要，更着力于人的自我发展、自我完善需要的满足。(6)促进人的自由全面发展。人的全面发展应当是自由、积极、主动的发展，而不是由外力强制的发展；是各方面素质都得到较好的发展或达到一定水平的发展；是在承认人的差异性、特殊性基础上的全面发展，是与个性发展相辅相成的全面发展。

思政教育应深入学生内心，从而无形中注入人文关怀精神，晓之以理，动之以情。其内涵在于：在理顺人与其他种种对象的关系中，确立人的主体性，从而确立一种赋予人生以意义和价值的人生价值关怀，实现人的自由而全面的发展。人文关怀的理论基础也是马克思主义哲学的基本维度之一。人文关怀是对人的生存状况的关注、对人的尊严与符合人性的生活条件的肯定和对人类的解放与自由的追求等。其贯彻途径在于加强心理健康教育，关注感受和需求，完善关怀机制。

当今社会，价值目标日趋多元，生活方式日趋多样，多元价值观念不断碰撞。对高校而言，国内外形势的深刻变化，同样也使大学生思想政治教育工作面临着严峻的挑战。孔子仁学思想中包含的肯定道德优先、倡导道德实践以及价值认同的意识，在今天也仍然有着宝贵的价值。

首先，孔子的仁学思想为当今大学教育提供了丰富的教育资源。必须承认，在推动教育发展遵循国际化发展轨迹的同时，教育机构和主体探究本民族优秀文化资源对当今的大学教育而言显得更为重要。孔子的仁学思想不仅为现代大学教育提供了丰富的素材，而且也为现代教育思路提供了充分的借鉴。孔子所提倡的仁者爱人的胸怀、推己及人的观念、诚信不欺的品格等，早已成为建构中华民族人格的潜移默化的力量。今天所要做的，就是重新挖掘这些价值，以一种潜意识和文化心理习惯的方式，继续影响教育青年一代。

其次，孔子的仁学思想为当今思想政治教育提供了教育反思的机会。孔子也曾在理想主义与现实主义的纠结中彷徨过，但最终走出泥潭，找到精神家园。其关键的一点就是“以人为本”的思想宗旨。在现实生活中，道德主体的道德原则和道德行为也存在一定的差距，尚未完全接触社会的大学生群体也不例外。这一方面是因为外化的教育与大学生对教育的内化存在一定的偏差；另一方面是因为教育内容的空洞与教育途径的千篇一律。孔子的仁学思想在这个方面恰恰给我们提供了借鉴。例如孔子常常强调要“修己”“成己”，这与当今的思想政治教育方法论也是相通的。道德主体只有不断地学习道德的原则，自省、慎独，外得于人，内得于己，逐步形成道德自律，才能真正地提升自身的修养，最后实现教育的目的。

（二）灵动式教育创新

教育的实践，教学居于首位。德育教学的灵动式创新是必不可少的。特别是针对网络时代的教育手段的革新以及学生心理的变化，需要有新的教学实践的探索。

思想道德灵动式教学的三个核心主旨是知识的获得、智慧的开启和品德的养成。马克思的人学思想引领着思想政治教育的方向。马克思强调：“理论只要说服人，就能掌握群众；而理论只要彻底，就能说服人。所谓彻底，就是抓住事物的根本。但是，人的根本就是人本身。”[①]以人为本的道德教育，意味着关注学生的心理诉求以及作为人的幸福感，才能得到学生的共鸣，才能使思想政治

① 《马克思恩格斯选集》第1卷，人民出版社1995年版，第9页。

教育切实发挥立德树人的实效。只有从“镜像学”到“实体学”地回归生活世界，德育课主题才不会成为学生心中可望而不可即的“空中楼阁”。

中国传统文化注重人与人、人与国家的关系，“爱”在中国传统文化中经常以“仁”出现，也是“仁爱”的来源。孔子认为求仁是人生的根本准则。“樊迟问仁。子曰：‘爱人。’”(《论语·颜渊》)仁者爱人，不仅讲人与人之间的相亲相爱，而且也是处理人与社会乃至人与自然之间关系的最基本的原则。孟子曰“人者仁也”，无“仁”就不能称其为人，认为“仁”是“不忍人之心、恻隐之心”，张子认为是“民胞物与”之情，王阳明认为是“良知天赋”“万物一体”之情。总之，“仁”既是天地生化养育万物的生生之德，又是人类慈爱悲悯的深厚情感。[①] 中华优秀传统文化中的“人”是一种群体的存在，这和马克思主义关于人的本质是相通的，所谓“孤立的个人不成人”[②]，“社会国家者，互助之体也；道德仁义者，互助之用也”[③]。

德育课堂必须关注个体生活的意义，单纯从规范出发去要求学生达到“圣人”理想化境界，其结果只能是陷入“泛道德化”的虚无主义，从而使德育低效甚至无效。

近代教育家蔡元培先生在《对于教育方针之意见》中以人体为喻，指出“公民道德者，呼吸机循环机也，周贯全体”。这意味着以人为本的教育与道德教育相互依存，是生命和空气的关系。在高校的德育课堂中，在以理服人的同时，不能忽略情感教育，以情动人的爱的课堂与教学，才能呈现出教育的人文意义。顾明远先生曾经指出：教育是爱的事业，没有爱就没有教育。大教育学家雅斯贝尔斯也说过，教育是一颗心灵影响另一颗心灵，教育是一棵树摇动另外一棵树。

孔子在《论语·雍也》中说“己欲立而立人，己欲达而达人。能近取譬，可谓仁之方也已”，将“能近取譬”置于“仁之方”的高度，“是把个体内在的相亲相爱之情外推于他人和社会，它诉诸主体的自觉不是靠外力来强制推行”[④]。“得人心者得天下”，其含义凸显了道义人格的重要性，即“一个人的人格是他自己的脊梁”。

---

① 参见戴熙宁：《中国引领世界——文明优势、历史演进与未来方略》，中央编译出版社 2017 年版，第 278 页。

② 魏光奇：《中西文化观念比较》，经济科学出版社 2012 年版，第 178 页。

③ 《孙中山选集》，人民出版社 1981 年版，第 156 页。

④ 郑晓江、程林辉：《中国人生理论史鉴》，广西人民出版社 1991 年版，第 18 页。

每堂课是教师人格魅力和教材魅力的融合,这种美的主观体验可以让学生受益终生。在爱的课堂中,教师爱教育事业、爱课程、爱学生;学生爱课堂、爱思考、爱智慧、爱国、爱社会……灵动式课堂强调的是以理服人、以情动人两个理念。教师的人格魅力结合课堂教学的感染力和渗透力,确保这两个原则的体现。

西方思想家提出适合于人的道德应该建立在人性的基础上。马克思指出,道德不同于宗教,道德的基础是人类精神的自律。理性向生活世界回归才是教育意义的溯源。道德教育只有植根于丰富的生活世界,才能具有深厚的生命力。人本主义心理学家罗杰斯认为,学习应该有个人情感或意义的参与,将所学的知识与自己原有的经验融合在一起,只有这样的学习才能改变学生的个性、行为和态度,才是有意义的学习。如果仅是情感层面的宣泄,还远远不够,由于理性思辨的缺席或过于单薄,感情就会成为无着的浮萍,很快就会烟消云散。苏格拉底说过:"未经反思的生活不值得过。"

因为人的实践活动不仅具有现实性、有限性,还具有超越性,尤其是对大学生来讲,理性思维能力、逻辑推理能力、创造力已经有了一定的发展,不会仅仅满足情感上的宣泄与各种现象的堆积,而是需要对经验知识的理论阐述和逻辑论证,需要正确分析社会现象,对社会和个人的关系、对人生问题作出自己的判断与思考。教师可以运用灵动的教学方法,启示和激发学生的智慧和理性。从技术角度看,通过思维方式的训练,实现思维的最佳自控和自调,最大限度地开发智力潜能,是一项开发人类最高本质的系统工程。从科学角度看,应运用马克思主义立场、观点和方法,在辩证唯物主义和历史唯物主义的指导下,坚持客观规律和发挥主观能动性相统一。中小学的思想品德课堂也有情景教学、互动教学、体验教学,而教学重点更应注重人文思想的高度,辟情入理,注重启发理性精神,让学生学会哲学思辨,学会独立思考和逻辑推理、比较鉴别,练就审美力、判断力。学会审时度势,明辨是非,提升认识问题、分析问题和解决问题的能力。有情怀、有担当和有智慧的人文精神培养才是教育应有之义,主题教育的效果才会持久而深刻。

(三)德育的技术手段

随着5G时代的来临,教育业也迎来新的机遇和挑战。培养社会高级人才的高校,理应适应时代的新要求,在教学改革领域探索新路径和新方法,开拓教育领地的新阵地,在"传道、授业、解惑"的职业坚守中,继续注入教学热情,开发并利用好自媒体工具，用爱与智慧浇灌教学与研究的同时，还要实现双向渗透式教学改革。

1.课上与课下相结合的智慧课堂

在5G时代，大数据分析、人工智能、VR技术都为课堂的教学带来空前的技术红利。线上和线下教学课堂的结合，拓宽了师生交流的渠道，丰富了学生展现内心世界的途径，也为教学效果的反馈以及考核方式的革新带来新思路。

充分借助网络资源，就像为教学插上翅膀，这种腾飞跨越式的教学效果的提升必然是显著的。从B站的资料共享，到上传自主创制的视频案例，课上与课下的互动与反馈，使思政课堂的独特魅力凸显出来，受到学生的喜欢和接纳，并由衷地感受到来自学习的收获与喜悦。

课堂教学的方式亦可以借助新的平台有所创新。例如，利用现代化的VR技术，学生可以身临其境地置身于情景化教学中，提升学习体验教师；利用慕课以及SPOC平台中的资源共享，实现线上线下教学相结合。此外，网络课程中心展示平台上的音频资料的更新与上传，雨课堂的互动，微信平台的高效运作，信息反馈与测评的时效性，都为教学带来全方位的信息网络化机遇。师生教与学的主体价值都得到充分的尊重，双方的热情都被极大地调动起来。

2.混合式教学方式的拓展

5G时代，多媒体和自媒体的便利条件、信息化平台的拓展都意味着课堂教学手段的丰富。教学方式也蕴含在网络平台中，更加富有感染力。课堂教学的方式可以是互问式、共享式、辩论式、讨论式、擂台式、采访式。比如，在思想道德课堂上，关于人的本质的问题，可以采用连环式发问、循环式解答、阶梯式解读。共享式可以是微信群里共享学生对核心价值观的生活式解读，在微信群里遴选与共享小视频。当然，共享式还包括平台共享、雨课堂共享、网页共享等。辩论式锻炼了学生的思维和语言表达能力，例如关于伦理困境的哲学式思辨的很多论题都可以作为辩论主题，可以引导学生思考孰轻孰重、孰是孰非，教会学生价值判断和生活选择的智慧。讨论式教学是发挥小组团队作用，培养小组成员的团队精神，锻炼学生的组织协调能力、语言表达力和人际交往的能力。擂台式教学是训练和培养学生的敢为人先的勇气和敢于质疑的逻辑思考力。采访式教学更多体现在道德教育的实践教学环节，例如采访道德楷模或学生喜欢的任课教师，一方面深化立德树人的教学主题，另一方面使学生接触社会，让学生学会待人接物，提高人际交往的能力，训练综合素质。此外，在训练法律思维的课堂上，也可以多选择网络热议的法律案例，组织学生进行法理辩论。手机、笔记本这些自媒体工具也可成为课堂教学的工具，是学生互动、师生互动的必备工具，有利于激发师生课堂共同体的智慧和热情。

对于线上的课，教师的角色是传道、授业、解惑者，起到的主要是指南针的作用，高效聚焦地讲重点和难点，引导使用网络资源，包括视频演说到案例解析、网上互动反馈等教学方法。对于线下的课，教师的角色更多的是“施爱者”为主导的鼓励者、训诫者和评判师。学生更多的是感受到教师的关爱与肯定价值尊严的认可。学生的个体价值存在感增强，潜在的信心和兴趣都会被激发出来。

（四）因材施教

“95后”“00后”成长于网络时代，见多识广，他们对新事物具有强烈的求知欲，整体综合素质较高。当然，在他们优点突出的同时，短板也很明显，比如自我意识强，容易忽略集体、团队的合作，易把复杂的社会问题单一化、片面化。他们自小到大手机、笔记本不离手，让他们在课堂上远离手机网络，回归课堂中心，需要一些教学方法上的调整。其中，提高学生的参与度是关键，使之在课堂上的角色变被动为主动。针对课程本身，从内容到形式不断创新，紧跟时代节奏，密切结合新媒体形态和特色。学生处于信息量比较大的网络时代，但学生辨别是非的能力和去伪存真的辨识能力较弱，缺乏清醒理性的头脑。结合时代背景的客观因素以及学生的主观因素，在备课的过程中，可以将社会热点和价值评析等内容随时更新补充到教学大纲之中，并密切追踪网络最新动态，适时使用网络最新流行语言模式，抓住学生的兴趣点。特别是思政课教师需要更多关注社会现实，追踪社会热点。这一代人成长于网络信息化时代，往往更敏感脆弱，而教师需要多关注和精准解读学生的心理诉求，给予学生更多的关怀与心理慰藉，激发学生的自我价值认同，从而更利于实现人文关怀。

在与道德教育主体的对话中，需要教师理解先行。当教师展示学生的是接受的、开放的、同情的、真诚的、帮助的、包容的和倾听的姿态时，学生才能将教师视为可信赖的人，从而对之倾诉，师生之间作为主体间的理解才会发生；学生的心灵之门敞开，道德观教育才能真正入心，教育才能有效果，而不是形式上完成教学和考试任务。教育本质上是教会爱，感悟“仁者爱人”，传递人文关怀。在传递爱的过程中，人文素质才会提升，人文精神才能得到传承。

(五)心理疏导与道德观教育的对接点

心理疏导与道德观教育的对接点表现在四个方面:心理环境、心理认同、心理倾向与人格状态。

1.心理环境

和谐的心理环境为道德观教育提供心理支持,良好的心理素质为道德素质的提升提供空间,有利于学生健全道德人格。不论是心理健康教育的开展、心理辅导技术的应用,还是心理素质教育的兴起,其根本的教育目标都是使学生形成良好的心理品质,而良好的心理品质是道德观教育的前提条件。心理疏导与道德观教育的育人目标不谋而合,它作为道德观教育的先行者,较易被学生们接受,对增强道德观教育的实施具有先导性意义。因此,心理疏导应用于道德观教育具有现实必要性和可行性。

《礼记》中说:"富润室,德润身,心广体胖,故君子必诚其意。"汉代董仲舒解释说,"故仁人之所以多寿者,外无贪而内清静,心平和而不失中正,取天地之美以养其身"(《春秋繁露·循天之道》)。

善行和厚德,可以激发身体中的阳气。善心生阳,能把人内心的阴霾一扫而光。善良的人,内心平静而温暖,常常在帮助别人中收获满足和喜悦。而内心阴暗的人,常常陷入紧张痛苦之中,长此以往,身体自然变差。古人说:"仁者,春之德也。"立德行善能焕发内心的光明,从而激发浩然正气。

教育的终极目的是教育学生向内寻找幸福,拥有幸福的能力。心理疏导下的道德观教育引导学生开阔眼界,培养高尚的志趣,在人生高位能够做到云淡风轻,在遭遇生活的磨难和沧桑时仍然拥有坚强与平静的心境。

2.心理认同

学生是道德观教育的主体。道德观教育能否取得实效,学生的接受程度、心理认同度起着决定性作用。道德观教育说到底是一种改造人的思想及其行为的活动,是培养学生道德认识、道德情感、道德行为和道德意志等的过程。这些都是学生心理消化和吸收的过程,说到底是心理从接受、服从到认同的过程。若过于强调灌输说教,其实就是对学生心理发展规律的忽视,这不利于良好道德心理的形成和优秀道德行为的确立。学生个体都有其独特的个性特征,只有从实际出发,才能对症下药,增强道德观教育的实效。

3.心理倾向

心理倾向一般可分为和谐模式和对抗模式,前者如善于协调、宽容、忍让、妥协、合作等等，后者如争夺、竞赛、苛求、攻击、分裂、争斗、孤立、自我封闭等等。这两种心理倾向与养成人的道德行为和思想意识关系极大。一般情况下，应当通过心理疏导，以教育和养成人的和谐习性为人格培养的目标，消除对抗习性，否则，社会的人际关系将恶化，人与人的对抗和争斗就不可避免。要达到这一点，就要注意克服现代思想观念中不正确的自我意识和自我价值观。

4.人格状态

人格是形成特定道德素质的主要动力。人格具有品质化的特性，因此，人格一旦形成，个体就具有了相应的内在质地，不同的质地会适应不同的道德倾向，良性的人格自然易于建立良性的道德素质。当然，人格的这些基础作用并不是绝对的，而往往是相对的，同时它还与人的价值观、世界观、人生观和道德意识发生相互影响和转化作用。因而，人格既有统一性和稳定性，也有分化性和可变性，这些特性也决定了良性人格的不易养成。总之，人格状态可以说就是细微的、隐性的和原始的思想道德状态，而思想道德则往往是发展了的、成形的、成熟的、显性的人格表现。大学生处于思维活跃的阶段，在接受、认同某些价值观时，普遍存在着道德焦虑感。如果不能及时释放压力，缓解焦虑心理，人格塑造与道德认同必然会遭遇阻力。

由此可见，道德观教育离不开心理疏导，而后者为道德观教育开拓了新的思路和天地，为高校的思想政治教育奠定了基础。

（六）传承优秀家风与注重家庭美德教育

家风家训是精神文明建设的主要载体。家庭是社会的细胞，也是人们安身立命的基地和精神家园。建规立约不仅关系着家庭的兴衰存亡，而且作为国之根本会在一定程度上影响着国家的长治久安。家规是有形的规范，是家风的基础；家风是无形的精神，是家规的灵魂，它融入家庭成员的血脉，成为家庭之间相区别的伦理标识。良好的家风才是最珍贵的财产，历经传承而历久弥新。《颜氏家训》《训俭示康》等古代著名家训中蕴含的做人之道、处事原则、生命智慧对现代依然有着启迪意义，但应剥离其宗法等级制度的内容，实现现代性的转化。家规与国法，家风与党风、民风，家庭伦理与现代民主精神的契合，是社会主义精神文明在家庭这一重要载体中的具体落实。

此外，整个社会还需要完善家庭道德的社会支持网络。家庭是社会的基本单元，家庭美德的形成和维系离不开社会环境的支持与配合，需要形成政府、社区、市场组织等在内的家庭道德支持系统。例如，政府可以通过强化社会道德建设、净化社会风气，为家庭道德提供良好的生态环境和舆论氛围。企业和用人单位应当充分考虑员工的家庭责任，帮助员工实现家庭责任和工作职责的平衡。社区、市场组织和各种非营利性社会组织可以在就业指导、婚姻家庭指导、老人儿童照料、医疗服务、家务分担等方面增强家庭的保障功能，传递主流价值观和道德规范，通过一些贴近群众、接近生活的社区参与活动把抽象的家庭道德规范转化为人们的道德行为和道德习惯，为个体的道德生成提供实践平台。

（七）大学生志愿服务育人功能

大学生志愿服务育人功能对全民素质提升具有衍射作用，促进了人与人、人与社会的和谐。所谓“衍射”，是指“外部社会道德环境通过个体的道德学习与道德实践活动而作用于个体，同时个体也通过自己的道德社会实践活动对外部社会环境和他人施加道德影响”。志愿服务让志愿者们在参与社会公共服务、服务他人和社会的过程中获得一种精神上、心理上的自我肯定，而满足实现自我价值的愿望。在这一过程中，大学生能够更深入地接触现实社会、了解国情，从而更清晰地认识到处理好自我发展与社会现实之间关系的重要性，并自觉以“和谐”定位自我与他人、社会、自然的关系。同时，大学生志愿服务活动增强了高校德育工作的时效性，倡导了奉献精神，引领了新的时代理念和时代风气，使思想政治教育获得了实质效果。①

社会是一个有机整体，人与人、群体与群体都相互影响、相互作用。大学生以自己的切身体验培养了对社会的关怀情感，激发起强烈的社会责任感、使命感，最重要的是将“爱心助人、奉献社会”的理念带入社会，影响和带动了其他社会阶层和群体共同参与到社会公益和社会保障事业中，在潜移默化中净化了整个社会的风气。高校是社会精神文明的窗口，高校的校园文化对社会文化具有引领作用。大学生作为社会最优秀的群体之一，其思想觉悟、道德水平、行为作风直接影响到整个社会的道德水平，其精神面貌直接关系到整个社会风清气正的程度，对全民素质提升起到衍射作用。

大学生志愿者活动有利于凸显社会主义道德的价值取向。社会的深刻变革、经济的快速发展、文化的相互激荡，对人们的思想观念、价值取向、生活方式、人际关系产生了多方面影响。热爱人民、服务人民、奉献社会是我们社会的主流思想。同时，我们也要关注到一些社会现象，例如道德滑坡、道德冷漠、伦

---

① 参见王为正、刘佳：《大学生志愿服务——长效机制建设研究》，人民出版社 2015 年版，第 217 页。

理价值缺失等，不仅败坏了社会风气，还影响了社会主义道德发展和主流价值观的稳定。大学生志愿服务是广大青年参与构建社会主义道德体系的一种重要形式，它为优化社会道德环境提供了可能。它着眼于帮困扶贫，有助于公正合理的经济秩序的建立，有助于和谐互助的人际关系的形成，有助于社会风气的不断好转。此外，志愿服务以助人为乐、扶贫济困为宗旨，为弱势群体提供实实在在的帮助，用实际行动服务于市场机制和政府部门难以顾及的社会成员，在一定程度上帮助服务对象解决了生活和生产问题，体现了社会对他们的关爱，弥补了市场的缺陷，化解了社会群体分化所带来的矛盾。可以说，志愿服务在构建和谐社会过程中发挥着润滑剂和调节器的作用。

（八）个人素质修养领域

1.以“人文关怀”为核心的道德塑造

个人素质修养方面更多要靠个体的主观能动性，“人文关怀”为核心的道德塑造显得尤为必要。尽管自 20 世纪 80 年代以来，文化哲学、价值哲学、人学的研究对中国后发型现代化建构发挥了支撑作用，但尚不能满足现实需求。道德建设应结合国情和个人实际来进行“人文关怀”为核心的道德塑造，重塑现代中国人的君子人格。生活是道德实践的大舞台，全方位地对人的生存状况给予关怀是第一步，在这个过程中，只有循序渐进地塑造道德观，才能使价值坐标对接生活实践。

儒家关怀的“仁爱”思想，是君子型人格的第一美德，也是教育的第一要义。儒家思想中的仁爱之心塑造了中国人的民族性格——温良，包含了“以德报德”与“知恩图报”。教育的灵魂也是靠仁爱来激活。发自内心地关爱他人，关心社会，真心地尊重情感，敬畏大道，是“人文关怀”为核心的道德塑造开始的第一课。

2.人格完善

孔子所言之“仁”，从客观上来说是个人之“我”和外界的关系，即自己和他人的相处之道。人对社会认识到一定高度后，就知道如果放纵自己，势必会伤害到他人和社会。因此，孔子推崇自我约束型的君子人格。西方哲人说，人和人相处就像刺猬相处，太近就会伤害到对方，因此主张“keep your distance”（保持距离）。而孔子对此问题提供的解决方案则是“剪除自己身上的刺”，以便于相处，也就是“克己复礼，天下归仁”。“克己复礼”就是通过个人自觉的行动努力消除个人的外在殊异而进入普遍的平等社会关系中。如果人能做到自我规定的自觉自律，维护尊重人的原则，便达到了“仁”的境界，由此“仁”成为“我”和外界相处的道德原则，从而带有伦理道德评价与倾向。这一原则当然并非出自自然情感，它是在孝的基础上推己及人的结果，是人类自觉维护团体意识使然。

被称为“自由主义之父”的英国哲学家约翰·洛克，被认为是最有影响力的启蒙思想家之一。他相信教育才是塑造社会人最重要的部分，或者更根本地说，每个个体心灵开始时都只是一个“空橱柜”。“我想我会说在我们所遇到的人之中，其中有九成的人的好坏或是能力高低，都是取决于他们所受到的教育。”洛克明确主张做有教养的人：“在缺乏教养的人身上，勇敢就会成为粗暴，学识就会成为迂腐，机智就会成为逗趣，质朴就会成为粗鲁，温厚就会成为谄媚。”洛克的心理理论被认为是现代身份和自我概念的起源。

做人的准则还在于熟谙人与人相处之道，学会换位思考，懂得自我反省。“严于律己，宽以待人”，以宽恕自己的心来宽恕别人。《增广贤文》中讲到“责人之心责己，恕己之心恕人”，孔子的弟子曾子日日反省自己，“为人谋而不忠乎？与朋友交而不信乎？传不习乎？”，以其实际行为实践着儒家的道德主张。

3.心理健全

健全的心理需要向善心理的塑造。人之所以被称为人，核心在于人有理性，有精神生活。为什么要保持理性呢？因为就本性而言，趋利避害的自然属性使人不仅自然地把自己放在第一位，而且为了逃避痛苦，或者追求利益最大化，常常会做出一些有违道德的事情。所以，以“诚”“礼”的形式来告诫自己保持理性，这也是传统道德思想在生活实践中的特征。

著名文学家梁晓声讲道，一个人的教养概括起来有四点：为他人着想的善良，根植于内心的修养，无需提醒的自觉，以约束为前提的自由。值得尊重的人恰恰是做到了以上四点。

上善若水，有舍有得。风雨无情，做自己，拥有道德正义感，做人才站得直、行得正。就像孔子所说，“君子坦荡荡，小人常戚戚”，也是因为道德感的有无而使得人的状态和气场具有天壤之别。

道德是人的心灵的一剂良药，让内心充盈、快乐、满足和宁静。因此，可以说道德的心理效应也是很显著的。心理的健康往往与道德的生活体验息息相关。生活中“正能量”的体现，总是离不开一定程度的道德感。负能量总是与心理偏差、人性扭曲脱不了关系，而缺失道德必然会导致心态扭曲，人际关系紧张甚至矛盾尖锐化。道德在生活的主观体验与心理健康之间构筑了一座桥梁。

按照道德的规则做人做事，总能带来帮人帮己的惊喜效果，那就是真切的心理满足感。人总是应该向阳而生，内心有光有热有爱，也必然会被温暖与幸福围绕。

4.道德践履

俗话说，条条大路通罗马，道德践履也同理。中国古代讲究的是立志乐道，树立坚定的志向和远大的理想的同时，具备坚定的信仰和崇高的情操。爱与智慧永远是人类社会最贵重的精神财富。对真、善、美的追求是任何时代永恒不变的追求。儒家思想中的"仁者爱人"，同样适应于现代社会。传承传统美德的同时赋予其现代精神，弘扬社会主义道德，体现时代精神，也是每个社会成员的责任与义务。因此，个体的道德践履是必要的。在这条道路上，既要有导航和指路标，也要有理性的头脑来辨识，有道德践履的主动性、积极性与觉悟，如此才能不断提升自身的道德水平。

第三节　"义利观"启示下的市场伦理建设

市场经济归根到底是信用经济，越发达的商品经济就越需要规范的信用机制。就像淘宝网购的极大普及，恰恰是解决了信用问题。这种网络上的商品经济仍然属于信用经济。因为市场经济条件下的商品交换，并不是以货币为媒介的"一手交钱，一手交货"的交易形式，普遍实行赊销、赊购、预付款、贷款、花呗消费以及融资等有条件让渡的、价值不同步实现的信用经济，本质上也是以信任为基础的。由于这种不同步性，从法律上所属的债权人对交易安全需要足够信赖，同时又要求债务人诚实守信，履行合同约定，并按时兑现承诺。任何交易，一旦缺失了信任，就无从谈起，经济贸易的繁荣也就成了空中楼阁。诚信是市场经济健康发展的生命线，任何个人或贸易主体都不能违背这条黄金法则。德国社会学家鲍曼（Michael Baurmann）在其《道德的市场》（*Der Markt der Tugend*）中提到："诚信、真挚、值得信赖或可信性重新被视作确保市场交易的先决条件而不是市场的结果。"①

儒家劝诫人们，做人要像君子那样，"敏于事而慎于言"，意思是在生活中要谨慎言语，不能信口开河。孔子强调"君子欲讷于言而敏于行"，主张言行一致，

① ［德］米歇尔·鲍曼：《道德的市场》，肖君、黄承业译，中国社会科学出版社2003年版，第49页。

如果是说一套,做一套,那跟小人无异。有承必践、有约必履,要履行承诺或义务。信任的实现需要以诚实为前提。心口如一、言行一致意味着真心实意,不搞形式主义,不走过场,真诚以待,绝不弄虚作假、虚伪欺骗。诚是一切德行的基础和根本,只有内心诚才有信,否则就会沦为虚无和虚伪。中华传统美德把诚信视作"立身进业之本,为政之道",要求人们"内诚于心,外信于人"。儒家思想还主张"以信求仁""讲信循义",朱熹曰:"盖信不近义,则不可以复。"(《朱子语类》)

契约精神是西方社会的主流精神,其本质是契约自由的理念,其核心仍然是守信精神,而且强调的是在自由平等基础上的守信精神,由私人契约精神和社会契约精神两部分组成。这种理念与儒家思想中的"明理诚信""信德载道"不谋而合。人类社会对正义的追求是永不停息的,因此东西方的不谋而合也是自然本性的生存法则的体现。

诚信绝不仅仅是单纯的守约或履约的信用问题,还涉及个体劳动要求。在社会主义市场经济条件下,社会主义诚信价值观要求诚实劳动。要求在工作中勤勤恳恳、出勤出力、实事求是而不是投机取巧、欺上瞒下、偷奸耍滑。一旦背离了商业诚信,就会滋生各种各样的市场造假行为,给社会造成恶劣的影响,如食品安全、逃税漏税、虚报业绩、掺水数字、伪造剽窃、制假贩假、劣质工程等。2021 年 8 月,因销售腐败变质的隔夜肉,济南市市场监管局根据《食品安全法》对大润发商业有限公司作出罚款 139 万元的行政处罚,可以说给一些无视消费者健康和生命权益、违背诚信经营的商家敲响了警钟。

社会主义市场经济的诚信建设,要反思传统道德的局限性,传承诚信文化,并契合现代人文关怀的精神主旨,注重诚信的制度化建设。当前社会对于失信人的信息披露和限制消费在很大程度上能够发挥监督作用,有利于整个社会的诚信建设。西方契约精神的理性原则以及信用监督制度也可以借鉴,但是必须考虑到我国的社会现实,避免对西方信用法律制度的单纯"移植"。

中国当代人文精神的建构,一方面从传统文化积淀中萃取思想精髓,另一方面也要有世界格局与情怀,借鉴学习一切进步性的现代人文精神,审时度势,具有敢于审视自我的勇气,认可人性的超越的、非现成性的维度。

从历史到现代,中国传统文化骨子里具有"循天道,尚人文"的特征,这是一种以人为本位的文化精神。这一点与西方有着很大不同。西方的社会宗教色彩较为浓厚,强调的是以神为本位的文化精神。在全球化生活方式趋同化的下，这种人文精神使得中国人的物质生活和社会体制相比西方社会，多一层东方式的暖意。在国际化格局视野下，中国人道主义情怀的塑造凸显了人性的情感，弱化了传统的等级秩序，对整个人类社会都有着普遍的意义。

与此同时，儒家关怀表现出的传统文化的精神气质、对君子型人格的追求、主张内在的精神生活、反对人的感性欲望的无止境膨胀，对现代生活中普遍的消费主义有一定程度的抑制作用。中国文化体系中的人文精神能够持续不断地滋养市场化经济时代人的精神生活。

市场的趋利性和消费社会的新动态，都需要一种关怀伦理下的规范性运作。市场经济本身存在着缺陷，而伦理机制则可以起到弥补缺陷和支撑运转的作用。在发展社会主义市场经济的同时，必须适时有效地进行伦理机制的构建。对此儒家关怀的"义利观"提供了儒家思想的智慧方略，在市场有序化的建设中呈现出现代价值。

中国传统儒家的关怀伦埋对于现代企业诚信文化的建设有着启发意义。中国的传统文化十分重视诚信在人际关系中的价值。人之所以立，信、智、勇也，这在儒家思想中较为突出。儒家强调诚信是做人应有的基本品质，是人之为人的基本要求和立足之本。孔子曰："人而无信，不知其可也。"(《论语・为政》)他认为一个人如果没有信用，就在社会中丧失了立足之地。荀子也曾经强调"父子为亲矣，不诚则疏"，认为家庭中的父子关系、兄弟关系如果离开诚信就不会和睦。同时，儒家还将诚信视为社会交往之道。孔子说："与朋友交，言而有信。"(《论语・学而》)荀子说："天地为大矣，不诚则不能化万物；圣人为知矣，不诚则不能化万民；父子为亲矣，不诚则疏；君上为尊矣，不诚则卑。"(《荀子・不苟》)孟子把"朋友信"作为"五伦"之一。董仲舒也把"信"列为"五常"之一。显然，诚信之道是人与人交往中必须遵循的基本准则，不仅如此，孟子还把"信"提到了哲学本体的高度，认为诚乃天之道，而人道之诚是对天道之诚的效法，主张"诚者，天之道也；思诚者，人之道也"。可见，诚信在中国传统道德中的地位极其重要。人生一世，际遇不同，追求各异。有人鸿鹄志远，有人燕雀可安。但无论追求大小，在立身行事的过程中，诚信和人品才是永恒不变的根基。只有心怀坦荡，才能收获温情，享受开阔丰盛的人生。

一个人只有做到表里如一，以诚相待，才能达到内省的和谐和人际关系的和谐。反之，欺世盗名，自欺欺人，会导致个人内省的失调和人格的分裂，造成人际关系紧张，失去友情，成为孤家寡人。在诚与信的关系中，诚是信产生的基础和原因，信是诚的具体体现，信体现诚。“信近于义，言可复也。”(《论语・学而》)意思是说，所信守的约会合于信义，这约会便是能实践的了。只有守信，才能取得人民的信任。守信已成为中华民族传统美德中一项重要内容。

诚信的内涵包含以下几点：其一，诚信首先是政治信用问题；其二，朋友之交，言而有信；其三，信近于义，信的承诺；其四，好学；其五，知行合一。信是孔子伦理思想体系的核心范畴之一，与信并存的还有仁、义、礼、智等伦理范畴。在孟子思想体系中，“信”的地位与其在孔子思想中的地位相比有所下降。孟子讲“仁、义、礼、智”四端，“信”被排除在基本道德范畴之外，只是处于辅助性地位。但孟子并没有忽略对“信”的研究，在“信”的伦理思想发展史上，孟子有其特殊贡献。《孟子・滕文公上》曰：“父子有亲，君臣有义，夫妇有别，长幼有序，朋友有信。”在孟子的伦理体系中，人的道德水准分为“天爵”和“人爵”两个层次，讲求更多的是“善、信、美”，并突出“信”的政治功能，讲求良心的效果。

儒家的诚信观念至少具有如下几项含义：(1)诚实，真实；(2)守信，讲信用；(3)信任，相信；(4)自信，有信心。更重要的是，“子不语怪、力、乱、神”。儒家的诚信思想中没有神学崇拜的内容，它强调的是人的道德本性对人的要求，要成为一个有道德的、高尚的人，就必须诚实守信；要造就一个和谐祥睦的社会，人与人之间就必须互信。虽然儒家也讲“信则人任焉”，把诚实守信作为获得他人信用的一个条件，但整体而言，儒家的“信”观念的较少功利性，诚实守信主要是一种道德诉求。此外，儒家的“信”强调的是主体的自律，基本上没有强制性的他律。

从传统的诚信角度倡导企业诚信文化有着极其重要的现实意义。诚信是企业的核心价值理念，“诚”是企业聚心之魂，“信”是企业立业之本。诚信文化更是企业的核心竞争力之所在，是企业生存和发展的第一生命线，影响着企业的发展形态。美国著名的管理学家托马斯・彼得斯(Thomas J. Peters)指出：“一个伟大的组织之所以能够长久生存、长盛不衰，其中最主要的法宝就是，我们称之为信念的那种精神力量，以及这种信念对于组织的全体成员所具有的感召力和影响力。一种被组织成员所认同，积极向上，着眼于长远的发展的价值观，必然能够产生强大的精神凝聚力，进而转化为强大的物质力量，推动着企业向前迈进。这种被称之为信念的精神力量就是企业的诚信文化。”①

① [美]托马斯・彼得斯、小罗伯特・沃特曼：《寻求优势——美国最成功公司的经验》，管维立译，中国财政经济出版社1985年版，第87页。

很多成功的企业家也是儒商，他们信奉的是儒家的诚信，塑造谦逊待人、严于律己、恪守诚信的企业文化，从而树立品牌信誉。与之相反，背离了诚信的经营者即使小有所成，也往往不会善始善终，最终易失财富，无法功成名就。

市场经济与道德建设两者相辅相成，共同促进社会的和谐与进步，如同“车之双轮，鸟之双翼，合则两美，离则两伤”①。由于市场经济是利益驱动型经济和主体多元型经济，具有天生的自发性和自组织性，很难完全避免谋财趋利和商业投机行为，因此人们在市场中的经济行为和道德选择必须受到合理规范与有效引导，唯有如此才能够保证经济社会发展的目标和方向，才能够保障经济社会发展的秩序、效率和质量。市场经济与道德建设的良性互动意味着以市场经济的发展来支撑和创新道德建设，也以道德价值指引和规范市场经济活动，从而使经济活动和道德选择相互补益，这不仅有助于市场经济的良性运行，而且也有助于道德建设的推进和创新。

经济和道德是社会发展系统中的重要范畴。按照马克思主义唯物史观的基本原理，经济基础和上层建筑之间存在着作用与反作用的关系。在一个社会系统中，经济与道德之间也存在着相互作用、相互依存、相互制约的关系。社会的和谐有序、健康发展和繁荣进步，要求经济与道德实现良性互动，即经济和道德互相满足对方的发展要求，互相支持对方的改善和提升。

要实现市场经济与道德建设的良性互动，关键在于实现市场经济带来的经济增长与道德进步的有机统一。要实现市场经济和道德建设的良性互动，就需要克服两者间的掣肘与抵触，既要避免用抽象的道德教条限制经济发展的步伐，避免用道德的枷锁把经济发展的躯体拴牢勒死，扼杀经济增长的活力和潜能，同时也要避免让经济的滔天巨浪淹没道德生存的陆地和天空，冲垮道德的堤岸。要实现市场经济与道德建设的良性互动，就要保证经济行为和价值导向的有机统一，坚持用正确价值引导人们的经济行为，使之达到合目的性与合规律性的有效结合和高度统一。市场活动既有创造经济效益的一面，也有发展社会效益的一面，经济效益和社会效益不能被孤立也不可被割裂。对于社会的稳定和谐与健康进步而言，经济效益和社会效益同等重要、不可偏废。

企业在发展中彰显的是中国精神，需要把民族精神与培育和践行社会主义核心价值观相融合，确立全体成员共同遵循的价值导向和行为准则，着力培养

---

①　宇文利：《实现市场经济与道德建设的良性互动》，2014 年 1 月 7 日，http://theory.people.com.cn/n/2014/0107/c40531-24046658.html。

与社会主义市场经济相适应的道德观念，为社会主义市场经济良性高效发展提供良好的道德环境和有力的道义支撑。

自20世纪80年代以来，文化哲学、价值哲学、人学的研究为中国后发型现代化建构发挥支撑作用，但尚不能满足现实需求。经济改革的过程中，道德伦理失范现象严重的根本原因在于关于人学的建构注重的是镜像学般的概念化而忽略了“现实中的个人”。人文精神的危机与重建、精神家园的寻觅与构建，一度成为热潮。在现代观念广泛萌生并系统化过程中，“人文精神”的分量得到重视，以其现代性的全方位视角映衬出中国精神、社会主义精神、时代精神、中国文化精髓，符合理性智慧的文化发展趋势。在整个现代化进程中，人文精神的重点不同而宗旨不变：前期注重世俗精神、民主精神，张扬个性，崇尚才艺，猛烈抨击宗教专制和封建专制的思想束缚；中期全面建构起理性精神、科学精神、个体本位、人类中心主义的现代性；后期则以反思和重写现代性为重点，突出自由精神，以人本主义抗衡科学主义、以价值理想校正技术理性，以生态原则制约人类沙文主义，以类意识淡化民族中心主义，在解构中寻求人类文明发展的新的突破口。在整个现代化过程中人文精神贯彻始终，是现代性的价值和合法性之源。①

人文精神是中国传统文化的核心精神，无论是继承还是批判、发展、嫁接，只有将人文精神作为最佳切入点，异质文化的本土化过程才能植入中国传统文化最丰厚的资源土壤。

人文精神是当代世界精神与中国精神、现代精神与民族精神、传统资源与后现代视野等多种对立元的重合交叉区域，是整合转型期种种矛盾观念的最具力度的原则。

中国的发展离不开世界，继承和弘扬中华优秀传统文化时也需要找寻与世界文化的契合点，寻找共性的依托，这也是人类命运共同体理念架构的价值逻辑，是现实生成与理论建构、历史与逻辑的辩证统一。

第四节　“自律与他律”下的网络空间的伦理建设

伴随着5G时代的到来，大众生活对网络的依赖程度不言而喻，生活方式也

---

① 参见杨岚、张维真：《中国当代人文精神的构建》，人民出版社2003年版，第28页。

在随之发生改变。大数据、区块链、网络新技术的迅猛发展，虚拟与现实的相互交织，网络空间的动态变化加速，社会性空间不断膨胀，自媒体呈井喷式的发展……网络空间已然成为广大媒体受众捕捉社会热点、触动敏感问题、传达民意的重要集散地。因此，网络空间的有序性以及网民文明素质的提升都显得至关重要。在善治引领下的伦理建设体系中，网络空间也是不可忽略的重要领域。一旦忽略网络空间的伦理建设，整个伦理建设的成就会因为这块短板而导致效应减退，无法达到有序社会的道德文明发展的高度。

网络信息发布的高效性与即时性特点满足了高速运转的现代社会节奏。当前，网民数量庞大，其道德法律素养参差不齐，充斥着低俗、欲望的审丑文化一度登堂入室，侵蚀网民的头脑和思想，造成负面影响。此外，资本和权力也浸染了网络生态，侵犯了公民的基本权利。各种违法犯罪行为潜匿在网络商业活动之中。为了更好地培育时代新人，提高公民思想道德境界，推动现代化文明发展，助力国家现代化治理体系的建设，加速学习型社会的建立，网络伦理建设刻不容缓。

网络空间伦理建设需要从以下几方面展开。

一、强化网络伦理意识

网络伦理是应用伦理学中的一个分支，适用于信息化社会。网络伦理就人与智能机器（计算机和其他自媒体工具）的关系以及信息化社会中使用数字化信息库的权利、义务有相应的规定。人在虚拟空间中的行为范式，哪些可为，哪些不可为，都涉及伦理规范和道德属性，也关涉法律规范。

每个人离不开道德生活，人的道德需求蕴含在网络伦理的内在属性中。道德对维护社会秩序的作用无可替代，网络空间也不例外。网络秩序的有序化、条理化离不开网民个体的努力，更离不开政府、社会和个人等多方面的协同。完整体系化的网络伦理规范不仅仅包含行为规约的内容，还涵盖网民个体在网络中积极向上，理性反思自身的观念、理念，激发独立的精神诉求的德性，形成自觉的自我约束。

网络伦理在高速运转的自媒体网络生活中的分量与日俱增，起到社会教化的作用，引导文明有序的网络生态的生成。人离不开社会生活，人的社会化过程就是体现完整的人文素养的培育过程。儒家提倡的君子型人格为现代人提供了模本。网络规范的内容需要适应生活化的要求，突破现实世界与虚拟世界的对立，担负惩恶扬善的道德义务。网络伦理建设的现实目标在于规范网络生态，使之清朗洁净，确保个人信息的安全性，使人的尊严、人的自由、公共生活的秩序在虚拟空间中得到有效的保障。

网民可以发起建立文明监督小组，自主学习，相互监督、纠错，文明上网，有序、理性地展开虚拟空间中的社会交往。网络空间交往关系中的平等与尊重，同样需要网民的自律。

二、加强媒体自律

在经济迅速发展的今天，商业化运作的逐利性冲击了网络的伦理秩序。伴随着网络营销，媒体责任与商业利益之间的冲突愈发尖锐。一些媒体及其从业人员放弃社会责任，一味追求商业利益，通过制造虚假信息宣扬庸俗主题、从事新闻炒作等来谋取利益。个别媒体脱离了社会责任的正常轨道，哗众取宠，一味迎合部分观众的低层次需求，渲染色情暴力，涉猎他人隐私，混淆是非，甚至传播不实信息，散布颓废情绪，传播封建思想，这些行为歪曲了媒体在公众心目中的形象，使得新闻媒体的可信度一降再降，长此以往会使媒体彻底失去公众的认可和支持。虽然有广电部门、宣传部门对新闻媒体实行行政管理，但媒体作为被管理者，很难形成自律意识和自律行为习惯。因此，一方面要对媒体从业人员严格把关、精心挑选，加强对他们的思想政治教育和职业道德教育，提高他们的思想政治素质和职业道德素质，建立一支“政治强、业务精、纪律严、作风正”的高素质媒体人才队伍；另一方面，有必要建立公正、独立并具有执行能力的新闻媒体自律机构，逐步建立起媒体自律体系。

三、健全网络法治体系

网络不是法外之地，虚拟空间中的匿名并不影响身份认定与责任追究，出格的言行势必要承担相应的法律责任。网民必须强化对虚拟空间的制度和法律的敬畏，不得在网络上造谣或者发表不正当言论，要严格自律，谨言慎行。2017年6月1日实施的《中华人民共和国网络安全法》旨在保障网络安全，维护网络空间主权和国家安全、社会公共利益，保护公民、法人和其他组织的合法权益，促进经济社会信息化健康发展。国家倡导诚实守信、健康文明的网络行为，推动传播社会主义核心价值观，采取措施促使全社会共同参与建设网络安全的良好环境。国家积极开展网络空间治理，积极研发和制定标准，打击网络犯罪，建立民主、透明的网络治理体系。特别是针对一些网络运营者，明确了其道德义务和法律义务。包括“网红们”的营销经营和各种服务活动，必须遵守国家的法律以及各种行政法规，不得违背公序良俗，必须遵守社会公德，信守企业诚信，遵守商业道德，履行网络安全保护义务，接受政府和社会的监督，承担社会责任。此外，网络相关行业也需要按照章程，强化行业自律，制定网络行为规范，促进行业健康发展。此外，从人文关怀的视角来看，政府也充分重视未成年人的权益保护。例如国家在相关的文件和法律中明确支持研究开发有利于未成年人健康成长的网络产品和服务并确保为未成年人提供安全、健康的网络环境，与此同时，依法严惩那些利用网络从事危害未成年人身心健康的活动。

网络交易成为商业活动的重要领地，近年来网购规模呈爆炸式增长，其销售量的激增可谓空前。但网络营销中的诈骗等商业违规行为数不胜数，甚至涉刑事犯罪的情况也并不罕见。例如直播带货以次充好，以假乱真，用欺诈手段诱导消费者。由于网络销售存在一定的隐蔽性，市场的监管很难及时执行到位。盗版书的销售也屡禁不止，严重侵害了知识产权，违背商业伦理道德的同时也触犯了法律。商业活动中的义利观、诚信观同样适用于网络营销活动中，伦理建设需要市场监督和奖惩制度的配套。而完善网络交易的法治建设，依据网络环境的特殊性健全法律显得尤为必要。应提高网络经营的准入门槛，就经营准则、营销渠道和竞争准则从细则上明晰化，使经营者在商业活动中有法可依，违法必究。

四、网络生活的文明倡导

网络空间道德建设的关键点在于网络生活的文明倡导，并有相应的政策文件的出台。2019 年 10 月印发的《新时代公民道德建设实施纲要》指出，抓好网络空间道德建设，一要加强网络内容建设。深入实施网络内容建设工程，发展积极向上的网络文化，让正确道德取向成为网络空间的主流。二要培养文明自律网络行为。建立和完善网络行为规范，培育符合互联网发展规律、体现社会主义精神文明建设要求的网络伦理、网络道德，倡导文明办网、文明上网，推进网民网络素养教育，引导广大网民尊德守法、文明互动、理性表达，自觉维护良好网络秩序。三要丰富网上道德实践。积极培育和引导互联网公益力量，加强网络公益宣传，拓展“互联网＋公益”“互联网＋慈善”模式，广泛开展形式多样的网络公益、网络慈善活动。四要营造良好网络道德环境。严格依法管网治网,强化网络综合治理,建立完善新技术新应用道德评估制度,维护网络道德秩序。开展网络治理专项行动,加大对网上突出问题的整治力度,反对网络暴力行为,依法惩治网络违法犯罪,促进网络空间日益清朗。

五、网络舆情的及时把控与法律约束

在现代化国家治理体系的建设中,网络空间是重要的场域,甚至可以说,网络空间是思想激荡、价值观碰撞、意识形态冲突的主战场。网上的热点话题和突发事件的舆情引发的社会效应不可低估,需要有关机构及时把控,也需要网络媒体履行社会责任,不要给一些滥用媒体的别有用心者留下空间。媒体应该不信谣不传谣,认真负责核实信息,报道真实信息,正向疏导网民的不良情绪,化解各种矛盾,起到正向引导作用,为营造有序的网络空间创造条件。注重正确的道德取向,才能推动营造和谐文明的网络生态。

政府、社会、个人的三方面协同,有利于更好地确保网络被合情、合理、合法地利用,从而高效迸发网络中的向真向善向美的正能量。网络空间与现实社会的道德产生良性互动,才能筑牢国家网络安全的防火墙。

道德建设既要靠教育倡导,也要靠有效治理。《新时代公民道德建设实施纲要》强调,要综合施策、标本兼治,运用经济、法律、技术、行政和社会管理、舆论监督等各种手段,有力惩治失德败德、突破道德底线的行为。要组织开展道德领域突出问题专项治理,不断净化社会文化环境。针对污蔑诋毁英雄、伤害民族感情的恶劣言行,特别是对于损害国家尊严、出卖国家利益的媚外分子,要依法依规严肃惩戒,发挥警示教育作用。针对食品药品安全、产品质量安全、生态环境、社会服务、公共秩序等领域群众反映强烈的突出问题,要逐一进行整治,让败德违法者受到惩治、付出代价。建立惩戒失德行为常态化机制,形成扶正祛邪、惩恶扬善的社会风气。

强化道德建设的法治保障,要推动《社会主义核心价值观融入法治建设立法修法规划》的贯彻落实,建立社会主义核心价值观入法入规协调机制。要把社会主义道德要求融入社会治理,探索建立重大公共政策道德风险评估机制,健全各行各业规章制度,完善市民公约、村规民约、学生守则、团体章程等。要加强道德领域突出问题专项治理,不断净化社会文化环境。

除了健全网络制度法律体系之外,公民德性的培养以及网络道德的强化显得尤为必要。制度往往是一种反思性、预防性和惩戒性的规范体系,对于当前网络环境能起到净化作用。但制度毕竟只是一种底线性的约束，除了制度，一个良好有序的社会还需要以更高层次的道德来调节和引领。道德比硬性的制度和规范更具广泛性、普遍性和低成本性，是一种内在的、深刻的自觉意识。道德不仅指向社会生活，更关乎人的内心世界，这些都是外在制度所不能及的。当微博、微信等社交媒体为大众提供了更多参与公共事务的平台，当公民有意无意地利用手机网络参与社会问题的讨论时，如果不具备相应的公民意识和公民德行，就很容易导致权利偏移甚至异化，从而发生"网络暴力""舆论审判""群体极化"等现象。尤其是一些具有社会影响力的"草根英雄""意见领袖"，其一言一行对社会的积极和消极影响尤为突出，因此，新媒体环境下的网民都应当对自身的公民责任和社会义务具备清晰的认识，并注重自身公民德行的培养、网络空间的伦理建设。

特别是针对当前社会数字鸿沟扩大、社会矛盾激化的问题，制度化建设不可或缺。关键点在于政府"善治"的现代化治理能力的提升，精准把握网络治理的尺度，宽严并济，充分体现管理的智慧。效率与人文的结合并非易事，在信息透明的现代社会，政府面临更多的监督，民意传达途径的便捷也反过来推动了政府治理能力的提升。政府的网络治理愈发游刃有余，严时不影响网络生态，不阻碍互联网技术发展；宽时不疏忽价值观引导，有效制止黑客与谣言、虚假新闻，并及时树立道德建设的风向标，推动网络文化正向发展，塑造网络道德情感。

在这个过程中，全民参与同等重要。政府的着力点是引导网络文明自律和自发监督行为；网民的着力点是自觉自律，言行要符合社会主义精神文明建设的要求，坚决同网络中的各种丑恶、低俗现象作斗争，是非分明地维护社会主义的公序良俗。在制度化体系建设中，倡导互联网平台、机构和广大从业人员文明办网，监督企业履行社会道德与法律责任，推进网络素质教育，为从业人员创造网络教育培训的机会，阻断网上有害信息的传播渠道，提高网络管理的专业性技术，确保网络空间可管可控。

六、优化网络生态

（一）优化网络语言文化环境

道德原则是网络语言伦理体系的总纲和精髓，也是网络语言伦理的核心，集中体现了网络语言伦理的本质特征。青少年日常生活与学习都离不开网络，不仅无法绕开网络语言体系，而且被动接受熏陶与影响。惯用网络话语会导致原有的语言认知系统受到侵蚀，各类非规范网络语言替代了正常的语言体系。青少年是传承民族文化的生力军，网络语言的冲击干扰了传统语言文字教学的秩序性和效用性，从长远来看，势必影响民族文化传承的准确性。

很多学者也在强烈呼唤建设文明网络语言，传承民族传统文化。清华大学艺术教育中心的肖鹰认为，近两年国内流行大学校长演讲套用网络语言，文化人士在网络上惯用暴力语言表达，这些迹象透露出网络语言对传统语言、传统文化品质不断侵蚀，破坏了大学的人文精神以及文化载体的文艺性。文学语言越来越没有张力，呈现低俗化倾向。学者张国启所著《秩序理性与自由个性：现代文明修身的话语体系与实践机制研究》一书，结合古代中国人的存在方式对儒家修身理论进行了系统的批判性研究，重点揭示了现代文明修身这一话语体系和实践机制对人的自由全面发展的启示和重要意义。[①]

语言文明是精神文明建设的直接表现。一个国家的语言是一个国家文明的记载，也是一个民族文化的精粹，更是一个国家、民族自尊心、自信心、自豪感的源泉。在后现代、全球化、网络化时代，中华民族的语言面临着各种挑战，语言的碎片化、语意的歧异化、语法的混乱性以及地方语言的遗失化等带来了语言生态的紊乱，有必要从国家政策的层面推进语言的文明化、现代化，用正确的词语捍卫中华文明，用优美的语言启迪心灵，用充满人情温度的语句来构建和谐的人际关系，用包含正气的话语系统彰显中国的软实力。

北京大学中文系张颐武教授建议网络语言的使用必须符合两个标准：一是词语已经约定俗成、意思被公众熟知；二是必须符合语法和修辞规范。这意味着有必要对网络语言规范化使用，这是对汉语言的尊重，对社会道德文明的坚守，更是对民族文化的尊重。需要倡导文明的网络语言，引导网民提高文化素养，恪守道德准则。就网络语言使用而言，网民心中应该牢记的基本道德原则是：言论的自由是相对的，法定权利无伤他人正当利益，尊重他人人格，基本的法律底线不容触碰。

（二）优化网络技术

在网络生活常态化的自媒体时代，网络如同一把双刃剑，一方面提供了大量资讯和娱乐方式，推动经济迅猛发展、丰富大众生活；另一方面也带来一系列

① 参见张国启：《秩序理性与自由个性：现代文明修身的话语体系与实践机制研究》，人民出版社2010年版，第3页。

无法回避的道德问题，例如情感冷漠、人性异化、道德失范等。在网络虚拟空间中，网民容易淡忘自己的社会性角色和社会责任，对已有的道德规范形成冲击。虚拟社会放大了现实社会的伦理问题。网络行为具有“数字化”或“虚拟化”特点，人所看到和听到的图像、文字、声音等以数字的形式显现，甚至人也是以一个“符号”为身份在网络虚拟社会中活动。因而很难对网络公民的行为加以确认和监管，从而形成伦理和道德规范难以调节和整合的社会顽症。

网络道德问题频发，根源于网络自身的特征。网络自身具有极大的开放性和自由性，网络还具有匿名性和隐蔽性，缺乏行之有效的处理方法和监控方法，这些都加大了处理与监管的难度。

因此，要优化网络技术，通过各种技术手段，构建现代化数字工作平台集群，推进文化的信息化，实现文化资源在网上共享，创新传播形式。政府在提升现代化治理能力过程中，技术赋能是关键，这也是整个社会现代化文明建设的加速利器。例如，伴随着5G、区块链、云计算、大数据、人工智能等技术的推广，新技术应用于网络专项治理黑账号，识别谣言传播平台，建立全线式反欺诈系统，识别机器刷量作弊行为，拦截制假网络失信行为，阻断制假通道等。

在网络这个虚拟空间，技术的革新还远远不够，事实上可以通过更多的技术手段实施网络监控，加大宣传力度，实施有效的综合治理，推动网民的文明表达。严格依法管网治网，加大立法执法的力度，积极展开网络治理专项行动，依法严惩网络违法犯罪。通过技术手段，还可及时制止非理性情绪的蔓延，引导网民科学区分真实与虚假信息，尊重他人隐私，保守国家机密，加强自律意识，实施有效的综合治理，推动网民文明互动。

（三）鼓励建设道德模范宣传网站

网络自身的特征打破了人与人交流的地域性，也打破了人与人之间固有的来往。怎样调度网络中人与人之间的联络，就成为现有道德原则面临的一大难题。需要进行网络道德的研讨和建构，建立网络道德的规范体系和缔造机制。而在其构建的过程中，需要学习和吸收传统文化，以“己所不欲，勿施于人”的规范要求自己，在私德的领域强化在网络空间内的自律，从而规制网民的行为。

鼓励建设道德模范宣传网站来传递社会的正能量，表彰宣传道德楷模，倡导社会正义力量。孔子对弟子有“见贤思齐”的教诲，看到道德高尚的贤人，就要向他看齐，向他学习。这是孔子极力倡导的做人处世原则。在现代社会中，特别是在某些领域出现道德滑坡时，更应该推崇并身体力行“见贤思齐”。学习道德模范的高尚品格和先进事迹，营造学习型社会氛围，有利于提升全体社会成员的道德素质和社会整体道德水平，崇德向善、见贤思齐，弘扬真善美，传播正能量。

改革开放以来，各个地区、各行各业、各类人群都涌现出一大批具有高尚品格的道德模范，有助人为乐模范、见义勇为模范、诚实守信模范、敬业奉献模范、孝老爱亲模范等。他们有的用自己的平凡举动扶贫助困，让许多人感受到社会大家庭的温暖，用爱和付出奏响了社会和谐的主旋律；有的在灾害面前义无反顾化解危机，展现了人民至上、国家至上的大义精神；有的把困苦留给自己，把幸福送给他人，无怨无悔，彰显了中华文明代代相传的高尚品格。道德模范用自己的行动诠释着道德的内涵，展示着道德的力量。习近平总书记指出："深入实施公民道德建设工程，推进社会公德、职业道德、家庭美德、个人品德建设，激励人们向上向善、孝老爱亲，忠于祖国、忠于人民。"①

传递正能量的专题网站可以净化社会风气，弘扬传统道德，提高人的精神境界。榜样的力量是无穷的，是旗帜，代表着方向；是资源，凝聚着力量。这些网站中还涵盖较为丰富的读史读经典内容，营造出学习型社会氛围，并通过有奖征答、积分换购等进行物质奖励，激发年轻人学习的热情，将时间用于浏览更高层次、有教育意义的网站。

（四）提升网民媒介素养

媒介素养是指个体使用电脑或手机上网，或使用各种自媒体工具上网时获取信息的反应力、判断力、评估力、选择力与质疑力。在网络舆情面前，要明察秋毫，善于敏锐观察，审时度势，明辨是非，成为媒介的主人。媒体宣传等途径可协助网民提高数据传媒时代的网络生存能力，确保信息传播的准确性和可信度。要警惕各种网络暴力等侵犯公民权利的违法犯罪行为。例如个人信息被无边界出售泄露，轻则遭受电话广告骚扰，重则遭受财物损失和名誉侵害甚至更为严重的人身伤害。

网民要自觉弘扬优秀的传统文化，有高层次的追求，让先进文化映照生活，滋养道德心灵，发挥道德教化的引导作用。

---

① 习近平：《决胜全面建成小康社会　夺取新时代中国特色社会主义伟大胜利——在中国共产党第十九次全国代表大会上的报告》，人民出版社 2017 年版，第 43 页。

第五节　儒家“礼法合治”思想启示下的现代法治空间

所谓“德刑之辩”，是指道德原则与刑罚原则之间的选择取舍与辩证关系。一般而言，中国传统社会所关注的治理原则不外乎两个方面：德治和刑罚。对于这两者的主次关系，儒家坚持德主刑辅的价值立场，将“德治”作为治国理政的基本方针和首要选择。孔子就曾对“德治”与“刑罚”这两种统治方针的选择以及所带来的不同结果进行了对比。他说：“道之以政，齐之以刑，民免而无耻；道之以德，齐之以礼，有耻且格。”（《论语·为政》）严厉的刑罚只能迫使百姓心存畏惧而不敢犯法，却难以使他们心悦诚服地服从政治统治，只有“德治”才是效果鲜明的文明原则。孔子说：“为政以德，譬如北辰，居其所而众星共之。”（《论语·为政》）只要统治者坚守自身德行，就可以“不怒而威”“垂拱而治”。对于统治者而言，只有熟练掌握治国理政的道德法则，才能够得心应手地处理政事，就像自然运行规律一样和谐有序、有条不紊。

儒家德治理念的核心原则是强调道德教化的作用。“教化”即教导感化，这是儒家极为推崇的一种治理手段，通过改变道德教育对象的心性修养进而影响其认知态度、情感归依、意志品质和行为倾向，达到净化心灵、塑造人格以及改善社会风气的功效。儒家认为理想的社会模式应该是使民众皆有所益。

有些人经常把道德的冷漠归结为执法的不严格和制度的不规范，但是，“制度论”的解释并不能赋予漠视同类生命而袖手旁观的无德行为以合理性。恰恰相反，正因为制度不合理，道德感与正义感才显得尤为珍贵。追寻良知和正义、道义上的善正是我们维系和谐人际的亮光，也只有借助这样的道德力量，人们才能积聚出完善制度、规范行为的力量。必须对冷漠、自私的道德加以谴责、鞭挞，才可以形成一种积极向上的社会舆论，提振国人的精神。不断提升社会公德意识与法律素养是一个社会良性发展的关键，两者相互促进、相得益彰。特别是人文关怀前提下的法律制度的健全与法律知识的普及尤为关键。

以“仁”字为核心的爱民、惠民和富民思想，是一切有益于民的儒家民本思想的精华。自然法思想是西方法学史上长久不衰的精神坐标，构筑了西方人最早的法律观念，形成了西方独特的法律传统。中国古代以仁、礼为核心的自然法思想也对中国古代法律传统起着支配作用。从人文关怀视角看，两者有着共通之处，即同是道德律，都强调人性，都重视权利。[①]

当前社会法律的健全和普及应在人文关怀前提下，特别是在执法过程中体现文明执法。树立执法为民、尊重民权的理念，就是要处处为民众利益考虑，时刻为他们排忧解难，切实解决民众的社会问题。也就是要在执法过程中有人道色彩，即在公民承担义务和责任时仍保持其作为人的地位的尊严，在体现法律严肃性的同时，最大限度地尊重和保障公民的权利。

新时代中国特色社会主义法治体系的建设中，增加了更多人性化人文关怀的内容，以此为主线将完备的法律规范体系、高效的法治实施体系、有力的法治保障体系以及完善的党内法规体系汇总成有机完善的体系，凸显出现代化的人文关怀色彩。党的十八大报告提出了依法治国基本要求的“新十六字方针”，即“科学立法、严格执法、公正司法、全民守法”。从传统文化思想溯源来看，“科学立法”即“立善法于天下则天下治，立善法于一国则一国治”；“严格执法”源于“天下之事，不难于立法，而难于法之必行”；“公正司法”源于“理国要道，在于公平正直”；“全民守法”则是源于“邦国虽有良法，要是人民不能全部遵循，仍然不能法治”。

习近平法治思想赋予了中华法治文明新内涵，具有历史的穿透力，传承了中华优秀传统文化精华，弘扬了出礼入刑、隆礼重法的治国原则，民惟邦本、本固邦宁的民本理念，天下无讼、以和为贵的价值追求，德主刑辅、明德慎罚的慎刑思想。从传统文化中汲取养分，并契合了现代人文关怀主题下的人文精神，必将巩固和拓展中国之治，从而实现党和国家长治久安的千秋伟业。

① 参见陆荣：《西方自然法与中国儒家法律思想之共通——以人文关怀为观察维度》，《法制与社会》2010年第10期。

参考文献

一、中文文献

《马克思恩格斯全集》,人民出版社 2006 年版。

《习近平谈治国理政》第 3 卷,外文出版社 2020 年版。

《习近平谈治国理政》第 4 卷,外文出版社 2022 年版。

(明)王守仁著,吴光等编校:《王阳明全集》,上海古籍出版社 2015 年版。

(宋)黎靖德编,王星贤点校:《朱子语类》第 2 册,中华书局 1986 年版。

[德]奥特弗利德·赫费:《作为现代化之代价的道德》,邓安庆、朱更生译,上海译文出版社 2005 年版。

[德]康德:《实践理性批判》,韩水法译,商务印书馆 1999 年版。

[德]米歇尔·鲍曼:《道德的市场》,肖君等译,中国社会科学出版社 2003 年版。

[德]史怀哲:《生命的思索:史怀哲自传》,赵燕飞译,长江文艺出版社 2013 年版。

[法]涂尔干:《道德教育》,陈光金等译,上海人民出版社 2001 年版。

[法]谢和耐:《中国与基督教——中西文化的首次撞击》,耿昇译,上海古籍出版社 2003 年版。

[加]玛格丽特·阿特伍德:《道德困境》,陈晓菲译,南京大学出版社 2009 年版。

[美]芭芭拉·赫尔曼:《道德判断的实践》,陈虎平译,东方出版社 2006 年版。

[美]彼得·L. 伯格:《与社会学同游》,何道宽译,北京大学出版社 2014 年版。

[美]马科斯·H. 巴泽曼、[美]安·E. 坦柏伦塞:《发现你的道德盲点》,李

洪涛译,上海人民出版社 2012 年版。

[美]麦金太尔:《德性之后》,龚群等译,中国社会科学出版社 1997 年版。

[美]墨菲:《美国“蓝带学校”的品性教育:应对挑战的最佳实践》,周玲、张学文译,中国轻工业出版社 2002 年版。

[美]尼尔·波兹曼:《娱乐至死》,章艳译,中信出版社 2015 年版。

[美]托马斯·彼得斯、[美]小罗伯特·沃特曼:《寻求优势——美国最成功公司的经验》,管维立译,中国财政经济出版社 1985 年版。

[美]威塞尔:《一个犹太人在今天》,陈东飚译,作家出版社 1998 年版。

[美]亚当·斯密:《道德情操论》,蒋自强、钦北愚等译,商务印书馆 2013 年版。

[英]史蒂文·卢克斯:《道德相对主义》,陈锐译,中国法制出版社 2013 年版。

[英]朱利安·巴吉尼:《你身边的伦理学:20 个大问题》,李尚远译,上海远东出版社 2020 年版。

蔡元培:《中国人的教养》,天地出版社 2012 年版。

曾盛聪等:《伦理的嬗变:十年伦理变迁的轨迹》,人民出版社 2005 年版。

曾亦:《儒家伦理与中国社会》,上海三联书店 2018 年版。

陈光旭:《艺术的意蕴》,中国人民大学出版社 2001 年版。

陈嘉映:《教化——道德观念研究》,华东师范大学出版社 2009 年版。

陈杰等:《人文关怀:当代中国社区发展新坐标》,华南理工大学出版社 2012 年版。

崔宜明、强以华、任重道:《中国现代经济伦理建设研究》,上海书店出版社 2013 年版。

邓晓芒:《中西文化视域中真善美的哲思》,黑龙江人民出版社 2004 年版。

方朝晖:《儒家修身九讲》,清华大学出版社 2008 年版。

冯建军:《当代道德教育的人学论域》,福建教育出版社 2015 年版。

高德胜:《道德教育的 30 个细节》,中国人民大学出版社 2018 年版。

公方彬:《瓶颈中国》,中国工人出版社 2016 年版。

龚群:《道德乌托邦的重构——哈贝马斯交往伦理思想研究》,商务印书馆 2003 年版。

郭齐勇:《中国思想的创造性转化》,上海教育出版社 2018 年版。

韩玉胜:《儒家关怀伦理研究》,齐鲁书社 2018 年版。

何怀宏:《良心与正义的探求》,黑龙江人民出版社 2004 年版。

何怀宏:《伦理学是什么》,北京大学出版社 2008 年版。

贺丰年、张文华、贾景华编著:《马克思主义思想道德理论与实践研究》,山西人民出版社 2009 年版。

胡水君:《内圣外王:法治的人文道路》,华东师范大学出版社 2013 年版。

金生鈜:《德性与教化——从苏格拉底到尼采:西方道德教育哲学思想研究》,湖南大学出版社 2003 年版。

景海峰:《儒家思想与当代中国文化建设》,人民出版社 2013 年版。

寇东亮、张永超、张晓芳:《人文关怀论》,中国社会科学出版社 2015 年版。

李彬:《走出道德困境——社会转型期的道德生活研究》,湖南师范大学出版社 2011 年版。

李岗、陶礼华:《学科融合德育的研究与实践》,上海社会科学院出版社 2018 年版。

李惠玲主编:《护理人文关怀》,北京大学医学出版社 2015 年版。

李建国:《教化与超越:中国道德教育价值取向的历史嬗变》,中国社会科学出版社 2014 年版。

李建华:《道德的社会心理维度》,湖南教育出版社 2011 年版。

李景林、李祥俊主编:《儒学的现代价值》,黑龙江人民出版社 2013 年版。

李申:《简明儒学史》,中国人民大学出版社 2006 年版。

李晓春:《儒家思想及其现代化》,中国社会出版社 2019 年版。

李义天、张霄编:《传承与坐标:马克思主义伦理思想访谈录》,中央编译出版社 2020 年版。

梁治平:《寻求自然秩序中的和谐》,中国政法大学出版社 1997 年版。

林语堂:《吾国与吾民》,外语教学与研究出版社 2000 年版。

林祖华主编:《毛泽东思想、邓小平理论和“三个代表”重要思想概论》,中国时代经济出版社 2005 年版。

刘济良、王定功主编:《呵护生命——生命教育的人文关怀》,中国社会科学出版社 2018 年版。

刘绪贻:《中国的儒学统治:既得利益抵制社会变革的典型事例》,中国人民大学出版社 2014 年版。

刘智峰:《道德中国——当代中国道德伦理的深重忧思》,中国社会科学出版社 2004 年版。

罗国杰主编:《伦理学》,人民出版社 1989 年版。

罗利建:《中国行为科学导论》,电子工业出版社 1988 年版。

罗利建:《中国人的美德塑造——意志伦理论》,中国经济出版社 2015 年版。

罗荣渠:《现代化新论》,北京大学出版社 1993 年版。

马新等:《中国传统文化读本》,山东大学出版社 2014 年版。

茅于轼:《中国人的道德前景》,暨南大学出版社 1997 年版。

倪愫襄:《伦理学导论》,武汉大学出版社 2002 年版。

潘婷婷编著:《从德育实践走向实践德育:民办学校的育德探索》,上海教育出版社 2020 年版。

钱王倬著,李蒨点校:《中国之固有道德》,上海科学技术文献出版社 2020 年版。

乔长路:《中国人本思潮与人生哲学研究》,人民出版社 2008 年版。

任大川:《道德困境与超越——精神、秩序及私欲》,江西人民出版社 2011 年版。

沈敏荣:《仁的价值与时代精神——大变动时代的生存之道》,人民出版社 2012 年版。

舒雨等:《道德盲点》,内蒙古人民出版社 2004 年版。

覃江华:《传统与现代之间:谢无量伦理思想研究》,武汉大学出版社 2020 年版。

檀传宝、王啸编:《中外德育思想流派》,人民教育出版社 2015 年版。

檀传宝:《德育原理》,北京师范大学出版社 2017 年版。

檀传宝:《学校道德教育原理》,教育科学出版社 2018 年版。

汪荣有:《当代中国经济伦理论:当代中国经济伦理嬗变及经济伦理建设研究》,人民出版社 2004 年版。

汪秀丽、李雪梅主编:《德育活动课程化设计与实施》,北京师范大学出版社 2018 年版。

王东莉:《德育人文关怀论》,中国社会科学出版社 2005 年版。

王东莉等:《德育人文关怀实践论》,浙江大学出版社 2015 年版。

王海霞:《马克思经济学人文关怀思想研究》,光明日报出版社 2017 年版。

王化学:《西方文学经典导论》,山东人民出版社 2004 年版。

王为正、刘佳主编:《大学生志愿服务——长效机制建设研究》,人民出版社 2015 年版。

王晓朝:《传统道德向现代道德的转型》,黑龙江人民出版社 2004 年版。

文庸、乐峰、王继武主编:《基督教词典》,商务印书馆 2005 年版。

吴潜涛主编:《论公共伦理与公德》,湖北人民出版社 2008 年版。

伍成泉:《道教的道德教化研究》,知识产权出版社 2013 年版。

严开宏:《价值多元与道德教育》,福建教育出版社 2016 年版。

杨开城:《课程开发——一种技术学的视角》,北京师范大学出版社 2018 年版。

杨岚、张维真:《中国当代人文精神的构建》,人民出版社 2003 年版。

杨云生:《建构以"礼善"为核心的德育体系》,北京师范大学出版社 2021 年版。

杨泽波:《儒家生生伦理学引论》,商务印书馆 2020 年版。

叶蓬、李权时主编:《经济伦理学研究:制度创新与经济发展的人文关怀》,中央编译出版社 2007 年版。

易法建:《道德场论》,湖南教育出版社 2001 年版。

于建东:《公私和谐的传统路径与现代建构》,科学出版社 2020 年版。

俞可平主编:《幸福与尊严——一种关于未来的设计》,中央编译出版社 2012 年版。

俞可平:《增量民主与善治——转变中的中国政治》,社会科学文献出版社 2003 年版。

苑秀丽、何小玲:《儒家思想与中国当代伦理》,中国社会出版社 2015 年版。

张夺:《社会批判与人文关怀——弗洛姆自由思想研究》,中国社会科学出版社 2016 年版。

张仁川、张敏、李志娜:《儒家哲学视域下的护理人文关怀研究》,哈尔滨工程大学出版社 2019 年版。

张振:《中国共产党执政伦理建设研究》,上海三联书店 2017 年版。

赵敦华:《人性和伦理的跨文化研究》,黑龙江人民出版社 2003 年版。

赵士林主编:《仁爱与圣爱——儒家道德哲学与基督教道德哲学之比较研究》,人民出版社 2018 年版。

赵焰:《在淮河边上讲中国历史》,广西师范大学出版社 2010 年版。

赵志毅:《当代中国德育热点问题研究》,人民出版社 2012 年版。

中国文化书院学术委员会编:《梁漱溟全集》第 2 卷,山东人民出版社 1986 年版。

周桂钿主编:《中国传统政治哲学》,河北人民出版社 2001 年版。

周桂钿:《中国儒学讲稿》,福建教育出版社 2017 年版。

曹开华:《十三届四中全会以来党的民族精神教育思想研究》,江西师范大学硕士学位论文,2005 年。

袁佩球:《国魂:20 世纪铸造的中华民族精神——兼论社会主义精神文明建设》,中南大学硕士学位论文,2001 年。

陈旻、陈勇、穆斐:《论正确吸收借鉴国外优秀道德成果》,《伦理学研究》2014 年第 6 期。

董慧、夏增民:《全球化语境下中国现代民族精神的建构》,《华中科技大学学报》(社会科学版)2005 年第 1 期。

焦守伟:《大学生社会公德意识教育途径探析》,《法制与社会》2009 年第 24 期。

靳国胜:《法治与德治:社会主义市场经济良性发展的基本条件》,《青海民族学院学报》(社会科学版)2000 年第 3 期。

雷月荣、程红艳:《传承与融合:论中国传统教化及其当代德育价值》,《当代教育科学》2019 年第 1 期。

李记芬:《荀子"思慕"论——兼与关爱伦理思想比较》,《伦理学研究》2014 年第 6 期。

李晓辉:《论当代中国社会公德建设的重要性与紧迫性》,《理论月刊》2010 年第 9 期。

刘红梅:《什么样的人文关怀》,《读书》2006 年第 10 期。

陆荣:《西方自然法与中国儒家法律思想之共通——以人文关怀为观察维度》,《法制与社会》2010 年第 30 期。

罗国芬:《社会公德的特性对大学生社会公德教育的启示》,《山东省青年管理干部学院学报》2003 年第 2 期。

慕海军:《民族精神与构建社会主义和谐社会》,《佳木斯大学社会科学学报》2008 年第 2 期。

彭永捷、牛京辉:《论伦理建设与道德建设》,《现代哲学》1999 年第 1 期。

佘凌、罗国芬:《社会公德的特性与教育——对大学生社会公德教育的一点思考》,《当代青年研究》2003 年第 4 期。

沈顺福:《教育便是教化:论传统儒家教育观念》,《华南师范大学学报》(社会科学版)2017 年第 6 期。

孙东、张丽新等:《当前我国社会公德缺失的原因及其解决对策》,《教育教学论坛》2010 年第 18 期。

孙英浩、单丹丹:《孟子性善论与教化理论的融合对道德教育的启示》,《思想政治教育研究》2019 年第 1 期。

唐璇:《当前我国公民道德存在的问题及对策研究》,《辽宁工业大学学报》(社会科学版)2011 年第 5 期。

王利明:《法治:良法与善治》,《中国人民大学学报》2015 年第 2 期。

杨曦:《我国社会公德领域存在的问题及对策》,《中州学刊》2010 年第 4 期。

杨雪琴:《加强大学生社会公德教育的路径选择》,《江南论坛》2009 年第 1 期。

二、外文文献

Claus Dierksmeier, *Humanistic Ethics in the Age of Globality*, New York: Palgrave Macmillan, 2011.

Colin Marshall, *Compassionate Moral Realism*, Oxford: Oxford University Press, 2018.

Giambattista Vico, *On Humanistic Education: Six Inaugural Orations*, 1699-1707, New York: Cornell University Press, 1993.

Gloria K. Fiero, *The Humanistic Tradition*, Boston: McGraw Hill, 2006.

Gunnar Björnsson, Caj Strandberg, Ragnar Francén Olinder, John Eriksson, Fredrik Björklund, *Motivational Internalism*, Oxford: Oxford University Press, 2015.

J. Wilson, *A New Introduction to Moral Education*, London: Cassell Educational Limital, 2005.

John C. Gibbs, *Moral Development and Reality: Beyond the Theories of Kohlberg, Hoffman, and Haidt*, Oxford: Oxford University Press, 2014.

John Dewey, *Moral Principles in Education*, New York: Houghton Mifflin Company, 1909.

Martin R. Lipp, *Respectful Treatment: The Human Side of Medical Care*, Md: Medical Dept, Harper & Row, 1977.

Olena Hankivsky, *Social Policy and the Ethic of Care*, Vancouver: UBC Press, 2004.

Pramod K. Nayar, *Posthumanism*, Cambridge: Polity, 2014.

R. M. Hare, *Moral Thinking: Its Level, Methods and Point*, Oxford: Claredon Press, 1999.